RESICO

PARA MORTALES

LA GUÍA DEFINITIVA PARA TRIBUTAR FÁCIL Y NO MORIR EN EL INTENTO

ENTIENDE TUS OBLIGACIONES, EVITA ERRORES Y MAXIMIZA TUS GANANCIAS

JOSÉ ALMEIDA

ABOLAWLEX

Segunda edición: febrero 2026

Visítanos en nuestra página web: www.abolawlex.com

Síguenos en redes sociales:

YouTube: www.youtube.com/@abolawlex
Instagram: @abolawlex
Facebook.com/abolawlex
TikTok: @abolawlex

Diseño editorial y diagramación: Abolawlex ®
Publicado por: Abolawlex ®

ISBN: 978-607-29-8266-6

DEDICADO A QUIENES NO TEMEN AL ÉXITO Y QUIEREN SEGUIR ADQUIRIENDO CONOCIMIENTOS

A todos los que sueñan con emprender, con crear algo propio y dejar una huella.

Este libro es para ti que sabes que el éxito no es producto del azar, sino de la preparación, del trabajo constante y del conocimiento aplicado. Porque en el mundo de los negocios, no basta con tener una buena idea; hay que entender cómo hacerla sostenible, rentable y legalmente sólida.

Los impuestos, a menudo vistos como un obstáculo, son en realidad una herramienta poderosa cuando se entienden. No son un enemigo, sino un lenguaje que todo emprendedor exitoso debe aprender a hablar.

En materia fiscal "*El desconocimiento de la ley no exime de su cumplimiento,* ***pero sí priva de sus beneficios***."

Conocer tus derechos, tus obligaciones y las reglas del juego no es opcional; es una ventaja competitiva. Porque el verdadero poder de un emprendedor está en saber cómo moverse con estrategia en cada paso que da.

"*Emprender es un acto de valentía, pero mantenerse en pie es un acto de inteligencia.*"

CONTENIDO

	Introducción	1
1	Empecemos por el principio ¿Qué es el RESICO?	5
2	¿Quiénes pueden tributar en el RESICO y qué actividades contempla?	9
3	Requisitos y Obligaciones para Tributar en el RESICO	19
4	Contabilidad en RESICO: lo esencial (y lo que nadie te aclara)	33
5	Facturar ya no basta: la materialidad fiscal y el nuevo riesgo oculto del RESICO	39
6	¿Qué tipo de ingresos no son compatibles con RESICO?	59
7	RESICO: Prohibido el paso a estas personas y actividades	67
8	Socios o accionistas en RESICO: Un análisis a fondo de la prohibición para tributar en este régimen	79
9	Dividendos e Inversiones: La exclusión injustificada del RESICO	89
10	Todo sobre el monto límite para tributar en RESICO ¿Cómo se integra y calcula?	99
11	¿$3.5 Millones Brutos o Netos? Descifrando el límite y las excepciones del RESICO	109
12	RESICO para el sector primario: beneficios y excepciones	115
13	La tasa que enamora a todos los contribuyentes: ¿Cómo se calcula el impuesto en el RESICO?	123

14 La retención del impuesto en el RESICO: ¡Que no te tomen por sorpresa! 129

15 ¿Qué ingresos puedes recibir sin salir del RESICO? Casos extraordinarios permitidos 139

16 Declaraciones en el RESICO: Qué, Cuándo y Cómo presentarlas 161

17 ¿Cómo funciona el IVA en el RESICO? 169

18 El Acreditamiento del IVA en el RESICO: Un beneficio que no debes pasar por alto 175

19 El IVA al 0% en RESICO: Un tesoro oculto que pocos aprovechan 183

20 El terror de todos los contribuyentes ¿Cuándo y por qué puedes salir del RESICO? 191

21 Cuando dejar de pagar ya no es un descuido: la nueva causal que puede apagar tu facturación en RESICO 201

22 ¿El SAT puede cobrarme impuestos de forma retroactiva si me da de baja del RESICO? 209

23 Y entonces, si salgo del RESICO, ¿Cómo debo calcular y pagar mis impuestos? 215

Consideraciones finales 219

INTRODUCCIÓN

"En este mundo, nada es seguro, excepto la muerte y los impuestos".

Con toda seguridad has escuchado esta frase de Benjamín Franklin más veces de las que puedes contar. Y sí, sabemos que suena trillada, no puede faltar en ningún libro que tenga que ver con impuestos, pero hay una razón por la que sigue repitiéndose: nadie puede escapar de los impuestos, así como nadie puede evitar el día y la noche. Podrás intentar esconderte, cambiar de identidad, aislarte en una cabaña en medio del bosque o incluso huir del país, pero tarde o temprano, el fisco dará contigo. Y más aún en la era digital, donde casi todas las transacciones financieras y comerciales se realizan de manera digital, dejando un rastro imposible de borrar cuando se trata de pagar impuestos.

Y, aunque esto pueda sonar aterrador, si te pones a meditarlo, pagar impuestos no es algo malo en sí mismo. De hecho, gracias a ellos tenemos hospitales, seguridad pública, educación, infraestructura y otros servicios esenciales que sólo presta el Estado.

El problema real no es el pago de impuesto en sí, sino lo que nuestros políticos hacen con él, pero bueno… ese es tema para otro libro.

¿Qué es y qué no es este libro?

Este libro no es un tratado de derecho fiscal repleto de jerga incomprensible, teorías filosóficas sobre la tributación o referencias a códigos legales que solo los abogados disfrutan leer. Tampoco es un manual técnico diseñado para contadores. Es una guía práctica, clara y directa, hecha para personas como tú: emprendedores, trabajadores independientes y dueños de pequeños negocios que solo quieren una cosa: pagar lo justo, ni un peso más, ni un peso menos, y hacerlo sin perder la cabeza en el proceso. Y si buscas conceptos más técnicos y elevados, siempre puedes inscribirte en la facultad de derecho o, en su caso, pedir la opinión de un abogado fiscalista, quien con gusto te dará un sermón legal capaz de dormir hasta al más severo insomne.

Nuestro objetivo es enseñarte todo lo que necesitas saber sobre el Régimen Simplificado de Confianza (RESICO) para personas físicas, un esquema fiscal diseñado para facilitar el cumplimiento de tus obligaciones tributarias y ayudarte a optimizar tu carga fiscal (pagar menos impuestos) de manera por completo legal. Pero, como todo en la vida, lo que parece sencillo a veces tiene su lado complejo. Si bien el RESICO se creó con la intención de simplificar el pago de impuestos para los pequeños contribuyentes, muchas veces, en lugar de ser un camino recto y despejado, se convierte en un laberinto lleno de reglas, excepciones y disposiciones que pueden generar confusión.

A lo largo de este libro, explicaremos en qué consiste el Régimen Simplificado de Confianza (RESICO), quiénes pueden beneficiarse de él, cuáles son sus requisitos, obligaciones y restricciones, así como algunas estrategias clave para reducir legalmente la carga tributaria e, incluso, obtener beneficios fiscales que pueden traducirse en ahorro económico real.

Presentaremos de forma clara y concisa lo que establece la Ley del Impuesto sobre la Renta (ISR), incluyendo ejemplos prácticos y haciendo referencia a los aspectos más relevantes contenidos en la Resolución Miscelánea Fiscal. Asimismo, abordaremos criterios emitidos por la PRODECON (Procuraduría de la Defensa del Contribuyente), así como de los tribunales a través de sentencias y jurisprudencias, especialmente en aquellos casos en que la autoridad fiscal ha excedido sus facultades en perjuicio de los contribuyentes.

Al final de estas páginas, habrás dejado de ver los impuestos como un enemigo y, lo más importante, habrás convertido el cumplimiento fiscal en un proceso automatizado y eficiente. Así, podrás enfocarte en lo realmente importante: **hacer crecer tu negocio y alcanzar el éxito.**

Bienvenido a esta guía sobre el RESICO para personas físicas, tu primer paso para olvidarte del estrés fiscal y tomar el control de tus impuestos de una vez por todas.

CAPÍTULO 1
EMPECEMOS POR EL PRINCIPIO ¿QUÉ ES EL RESICO?

Si queremos entender el Régimen Simplificado de Confianza (RESICO) para personas físicas, lo primero es saber dónde está regulado. No se trata de un misterio ni de un conocimiento reservado para iniciados en la materia fiscal. De hecho, el RESICO está claramente establecido dentro de la Ley del Impuesto sobre la Renta (ISR), de manera específica en el Título IV, Capítulo II, Sección IV, que abarca los artículos 113-E al 113-J.

Para entender bien este régimen, primero hay que conocer sus antecedentes. El 12 de noviembre de 2021 se publicó en el Diario Oficial de la Federación el decreto por el que se reformaron diversas disposiciones de la Ley del Impuesto sobre la Renta (ISR), la Ley del Impuesto al Valor Agregado, la Ley del Impuesto Especial sobre Producción y Servicios, la Ley Federal del Impuesto sobre Automóviles Nuevos y el Código Fiscal de la Federación. A partir del 1 de enero de 2022, entró en vigor el RESICO dentro del Título IV,

Capítulo II, Sección IV de la Ley del ISR. Este nuevo régimen sustituyó al Régimen de Incorporación Fiscal (RIF) y nació con la promesa de ofrecer una forma más ágil y sencilla de cumplir con el pago de impuestos.

El RESICO presenta ventajas importantes, siendo la principal de ellas, un pago mínimo del ISR, a través de tasas progresivas que van del 1% al 2.5%, el cálculo de impuestos sobre ingresos efectivamente cobrados, y la eliminación de ciertos trámites como la contabilidad electrónica y la declaración informativa de operaciones con terceros. Sin embargo, no todo es miel sobre hojuelas. También existen limitaciones, como la eliminación de deducciones, prohibiciones para cierto tipo de contribuyentes para tributar en el régimen y los estrictos requisitos para permanecer en él. Además, su regulación se encuentra dispersa entre la Ley del ISR y la Resolución Miscelánea Fiscal (RMF), lo que puede hacer que, en la práctica, algunos contribuyentes se sientan atrapados en un laberinto legal.

Ahora bien, antes de que corras a leer cada uno de estos artículos, hagamos una aclaración importante: **no es nuestra intención transcribir la ley palabra por palabra ni inundarte con tecnicismos legales.** En su lugar, lo que haremos en este capítulo (y a lo largo de este libro) es simplificar y explicar de manera clara y digerible lo que estos artículos contienen, para que puedas comprenderlos sin necesidad de un traductor fiscalista. No obstante, siempre es recomendable tener a la mano el texto legal para consultas y verificaciones.

Si en algún momento te surge una duda, el mejor recurso siempre será acudir directamente a la ley o a tu asesor de confianza.

Pero la regulación del RESICO no se queda solo en la Ley del ISR. Existen otras disposiciones que complementan y detallan su aplicación, como la Resolución Miscelánea Fiscal, donde se establecen diversas facilidades y reglas específicas que pueden hacer una gran diferencia al momento de cumplir con tus obligaciones tributarias.

No obstante, es importante tener muy presente que la Resolución Miscelánea Fiscal (RMF) tiene límites jurídicos claros: **solo puede otorgar facilidades administrativas o establecer derechos a favor de los contribuyentes, pero en ningún caso puede imponer cargas, requisitos o consecuencias que no estén previstas en la ley.** Esto se debe al principio de subordinación jerárquica, conforme al cual una disposición de carácter general, como lo es la RMF, no puede contradecir ni exceder lo establecido por una norma legal como la Ley del ISR. Cualquier intento de hacerlo puede ser impugnado por los contribuyentes, como ha sucedido en casos resueltos por el Tribunal Federal de Justicia Administrativa, donde se ha declarado inválida la aplicación retroactiva o la imposición de cargas no contempladas en la ley, como ocurrió en algunos casos que mencionaremos dentro del presente trabajo.

En ese sentido, para brindarte un panorama más completo, también tomaremos en cuenta tesis y jurisprudencias, así como algunas sentencias emitidas por los tribunales, que nos ayudarán a interpretar de manera práctica y favorable al contribuyente, la aplicación del RESICO. Asimismo, incluiremos algunos criterios emitidos por la Procuraduría de la Defensa del Contribuyente (PRODECON), un organismo que suele ser un aliado valioso para los contribuyentes cuando se enfrentan a dudas o conflictos con la autoridad fiscal.

En resumen, este capítulo marca el punto de partida para entender de manera clara y sencilla qué es el RESICO, dónde está regulado y cuáles son las fuentes adicionales de información que pueden ayudarte a navegar por este régimen sin complicaciones innecesarias. Así que, sin más preámbulos, entremos en materia.

CAPÍTULO 2
¿QUIÉNES PUEDEN TRIBUTAR EN EL RESICO Y QUÉ ACTIVIDADES CONTEMPLA?

El Régimen Simplificado de Confianza (RESICO) para personas físicas está diseñado para facilitar el cumplimiento fiscal de ciertos contribuyentes que realicen actividades específicas. En términos simples, este régimen está dirigido a personas físicas que cumplan con las siguientes condiciones:

- Realicen únicamente **actividades empresariales, profesionales o de arrendamiento de bienes** (es decir, otorguen el uso o goce temporal de bienes).
- No hayan superado los **tres millones quinientos mil pesos** de ingresos en el ejercicio inmediato anterior. Más adelante profundizaremos más sobre este punto.

¿Qué significa esto en la práctica?

Básicamente, sólo son **tres actividades** las que se contemplan dentro del RESICO, que, dicho sea de paso, son las actividades más comunes dentro de la práctica comercial del pequeño emprendedor.

1. **Actividades empresariales:** Incluyen cualquier negocio o actividad comercial, como la venta de productos, la operación de un restaurante, o la prestación de servicios no profesionales (por ejemplo, carpinteros, mecánicos, estilistas, etc.).

Sobre este punto, conviene detenernos un poco para analizar **¿Qué se considera una actividad empresarial según el Código Fiscal de la Federación?**

Cuando pensamos en actividades empresariales, es común imaginar grandes corporaciones, fábricas o tiendas departamentales. Sin embargo, para efectos fiscales en México, el concepto es mucho más amplio y abarca diversas actividades productivas. El **artículo 16 del Código Fiscal de la Federación (CFF)** establece qué se considera como actividad empresarial, y es importante tenerlo en mente para determinar si nuestras operaciones encajan dentro de esta clasificación y, por ende, si podemos tributar en el Régimen Simplificado de Confianza (RESICO).

Desde el punto de vista fiscal, las actividades empresariales se dividen en seis subcategorías. A continuación, te explicamos cada una de las actividades reconocidas por el Código Fiscal de la Federación (CFF):

- **Actividades comerciales:** Son aquellas que la legislación mexicana clasifica como "comercio", lo que en términos generales implica la compra y venta de bienes o servicios con fines de lucro. Esto incluye, por ejemplo, tiendas de abarrotes, supermercados, restaurantes, comercios en línea y cualquier otra actividad donde haya un intercambio de bienes o servicios a cambio de dinero.
- **Actividades industriales:** Involucran la transformación de materias primas en productos terminados. En esta categoría encontramos fábricas, panaderías, maquiladoras, carpinterías y cualquier negocio que extraiga, conserve o transforme materiales para generar un producto listo para el consumidor.
- **Actividades agrícolas:** Se refieren a la siembra, cultivo y cosecha de productos agrícolas, siempre que se vendan en su estado natural, sin haber sido transformados industrialmente. Por ejemplo, un productor que cosecha jitomates y los vende en un mercado local se encuentra dentro de esta categoría. Sin embargo, si decide procesarlos para hacer salsa y venderlos en frascos, ya no estaría en el rubro agrícola, sino en el industrial.
- **Actividades ganaderas**: Comprende la cría y engorda de animales, así como la venta de productos derivados de estos (como leche o huevos), siempre que no se hayan sometido a un proceso industrial. Un granjero que vende huevos frescos directamente a los consumidores califica en esta categoría, pero si decide procesarlos y venderlos como huevo en polvo, su actividad pasaría a ser industrial.

- **Actividades de pesca:** Incluyen la cría, cultivo y captura de especies marinas y de agua dulce, como peces, camarones y moluscos. También se considera parte de esta categoría la acuacultura, es decir, el cultivo controlado de especies acuáticas. Al igual que en los casos anteriores, la venta de pescado fresco entra en este rubro, pero si se procesa y vende enlatado, cambia a actividad industrial.
- **Actividades silvícolas:** Se refieren al cultivo, conservación y aprovechamiento de bosques y montes. Esto incluye la producción de madera, reforestación y explotación de recursos forestales, siempre que los productos no hayan sido sometidos a transformación industrial.

¿Por qué es importante conocer esta clasificación?

Si eres una persona física interesada en tributar en el Régimen Simplificado de Confianza (RESICO), lo primero que debes verificar es si tu actividad entra dentro de alguna de estas categorías. Si tu negocio se encuentra en esta lista y cumples con los demás requisitos, puedes optar por tributar en el régimen y beneficiarte de sus ventajas fiscales.

Ahora bien, pasemos a analizar los otros **dos tipos** de actividades que pueden tributar dentro del RESICO.

2.- Actividades profesionales: Se refiere a los servicios que una persona física presta de manera independiente, tales como asesorías, consultorías o servicios técnicos especializados.

Para efectos fiscales y del Régimen Simplificado de Confianza (RESICO), no es requisito contar con un título universitario ni con cédula profesional para tributar bajo esta categoría.

Lo relevante es que se trate de un servicio personal, prestado de manera autónoma, sin subordinación laboral y a cambio de una contraprestación.

Algunos ejemplos de actividades profesionales **con título universitario** incluyen servicios prestados por **abogados, médicos, arquitectos, ingenieros, contadores públicos, odontólogos, psicólogos y veterinarios.**

Asimismo, también califican como actividades profesionales aquellas prestadas por personas **sin título universitario**, pero que poseen conocimientos técnicos o especializados, como pueden ser: **diseñadores gráficos, programadores, traductores, técnicos en sistemas de refrigeración, expertos en marketing digital, *coaches* de negocios, consultores en imagen personal, asesores financieros independientes, capacitadores, entre otros**.

En resumen, tanto profesionistas titulados como personas con conocimientos técnicos o experiencia en un área determinada pueden tributar en RESICO, siempre que sus ingresos deriven de la prestación independiente de servicios personales.

3.- Arrendamiento de bienes: Aplica a quienes rentan propiedades, ya sean casas, departamentos, locales comerciales u oficinas.

¿Qué se entiende por arrendamiento para efectos fiscales?

Desde el punto de vista fiscal, el arrendamiento es el uso o goce temporal de bienes a cambio de una contraprestación. Esto significa que una persona (arrendador) otorga a otra (arrendatario) el derecho de usar o aprovechar un bien por un tiempo determinado, a cambio del pago de una renta.

El uso implica la posibilidad de utilizar el bien sin alterar su naturaleza, mientras que el goce permite obtener un beneficio derivado del bien (por ejemplo, rentar un local para operar un negocio).

Arrendamiento más allá de los inmuebles

Si bien el caso más común es el arrendamiento de bienes inmuebles, como casas, departamentos, oficinas o locales comerciales, el concepto de arrendamiento no se limita a este tipo de bienes. También puede aplicarse a bienes muebles, tales como:

- Vehículos (por ejemplo, renta de automóviles para empresas o particulares).
- Maquinaria (renta de equipo de construcción o agrícola).
- Herramientas y equipo especializado (arrendamiento de equipos médicos, computadoras, etc.).
- Mobiliario (renta de sillas, mesas o estructuras para eventos).

¿El RESICO solo aplica para el arrendamiento de bienes inmuebles?

Es aquí en donde nos vamos a topar con una de las primeras ambigüedades del RESICO como te explico a continuación.

El Artículo 113-E de la LISR dispone que podrán optar al RESICO las personas físicas que realicen únicamente actividades empresariales, profesionales o que otorguen el uso o goce temporal de bienes, **sin hacer distinción alguna sobre la naturaleza de dichos bienes**. Esto implica, *a priori*, que tanto el arrendamiento de bienes inmuebles como el de bienes muebles (vehículos, maquinaria, herramientas, etc.) podrían incluirse dentro del régimen, siempre que el contribuyente cumpla con los demás requisitos y se mantenga por debajo del límite de ingresos de $3.5 millones.

Diferenciación en la Normativa sobre Arrendamiento de Inmuebles

No obstante, es importante señalar que en el artículo 114 de la misma ley (régimen general de arrendamiento) se establece de forma específica el tratamiento de los ingresos provenientes del arrendamiento de bienes inmuebles, en el que se detalla que se consideran ingresos por otorgar el uso o goce temporal de bienes inmuebles, los siguientes:

I. Los provenientes del arrendamiento o subarrendamiento y en general por otorgar a título oneroso el uso o goce temporal de bienes inmuebles, en cualquier otra forma.

II. Los rendimientos de certificados de participación inmobiliaria no amortizables.

Esta especificación cobra relevancia en el caso de que, para personas físicas, se supere el límite del RESICO y se deba cambiar al régimen general de arrendamiento, el cual se encuentra regulado en el Capítulo III de la LISR.

¿Cuál es la Interpretación que debe prevalecer para el RESICO?

La interpretación que debe prevalecer es aquella que resulta más favorable al contribuyente. El hecho de que el artículo 113-E no haga distinción entre bienes muebles e inmuebles sugiere la intención del legislador de abarcar todas las actividades de arrendamiento dentro del RESICO para personas físicas. Sin embargo, la norma reconoce de manera específica en el artículo 114 los ingresos por arrendamiento de bienes inmuebles, estableciendo un tratamiento diferenciado cuando se rebase el límite permitido como ya lo mencionamos.

Este enfoque se fundamenta en el principio de interpretación extensiva de las normas fiscales, el cual busca dar efecto a la intención del legislador de manera integral, sin crear distinciones que el texto no establece expresamente. Por ello, en el contexto del RESICO para personas físicas:

- El arrendamiento de **bienes muebles** se entiende como una actividad empresarial incluida dentro del RESICO, siempre y cuando se cumpla con el límite de ingresos.
- El arrendamiento de **bienes inmuebles**, si bien inicialmente puede ser incluido en el RESICO, deberá migrar al régimen general de arrendamiento si los ingresos totales superan el límite de $3.5 millones, y por ende aplicar de ahí en adelante lo dispuesto en el artículo 114 de la ley del ISR.

CAPÍTULO 3
REQUISITOS Y OBLIGACIONES PARA TRIBUTAR EN EL RESICO

¿Listo para cortejar al RESICO?

Imagina que el RESICO es esa persona ideal con la que siempre has soñado: atractiva, inteligente y carismática, con todo para ser tu pareja perfecta. Pero, como en toda gran historia de amor, no basta con mirar a esa persona de reojo o enviarle un mensaje de "hola" sin más; para que este pretendiente acepte salir contigo, debes demostrar que eres digno de su confianza cumpliendo con una serie de requisitos.

En este capítulo, descubrirás cuáles son las **"reglas del juego"** para que el RESICO se convierta en tu pareja fiscal ideal.

Desde inscribirte en el Registro Federal de Contribuyentes (RFC), contar con tu firma electrónica (e.firma) y buzón tributario, hasta emitir correctamente tus comprobantes y presentar tus pagos en los plazos establecidos, cada uno de estos requisitos es como una pequeña

"prueba de amor" que te acerca más a disfrutar de las ventajas de este régimen.

Así como en una relación exitosa cada parte debe cumplir con sus compromisos, en el mundo fiscal es esencial seguir estas obligaciones para mantener una relación armoniosa con el fisco. Acompáñanos en este recorrido donde, con ejemplos prácticos y un tono ameno, aprenderás a "cortejar" al RESICO y aprovechar al máximo sus beneficios.

1. Inscripción y Actualización en el RFC

Obligación: Toda persona que desee tributar en el RESICO debe solicitar su inscripción en el Registro Federal de Contribuyentes (RFC) y mantener sus datos actualizados.

Ejemplo: Si eres un consultor independiente, debes inscribirte en el RFC y, en caso de que cambie tu situación (por ejemplo, si amplías tu actividad o cambias tu domicilio fiscal), actualizar la información correspondiente.

¡No te vayas a olvidar del Domicilio fiscal!: Ahora bien, aquí va un consejo de oro que no debes pasar por alto: al momento de inscribirte o actualizar tus datos en el RFC, es indispensable que señales un domicilio fiscal válido y verificable.

Aunque hoy en día la mayoría de las notificaciones del SAT se hacen por medios electrónicos, como el Buzón Tributario, el domicilio fiscal sigue siendo un requisito obligatorio y clave para efectos legales y de control.

⚠️ Y ojo con esto: **¡ni se te ocurra poner una dirección ficticia, inventada, de un lote baldío, un local abandonado o el cerro más cercano, solo para "cumplir"!** Podrías meterte en serios problemas: desde multas e imposibilidad de obtener devoluciones, hasta la cancelación de tus certificados de sello digital (lo que te paraliza completamente tu operación fiscal), y lo peor: podría configurarse un **delito fiscal por proporcionar datos falsos al SAT**.

La recomendación práctica es simple: señala como domicilio fiscal el lugar donde realmente desarrollas tu actividad económica — tu oficina, tu taller, tu consultorio o incluso tu casa habitación, si trabajas desde ahí (aunque esto último no siempre es lo más recomendable, sobre todo por temas de privacidad y logística en caso de visitas domiciliarias).

Recuerda el dicho: *"Más vale un buen susto que un sustento perdido"*. Mejor cumplir bien desde el principio, que querer arreglar después un lío que puede escalar muy rápido. Designar un buen domicilio fiscal no solo es una formalidad, es parte de actuar con responsabilidad y seriedad como emprendedor o profesionista formal.

2. Firma Electrónica Avanzada y Buzón Tributario

Obligación: Contar con firma electrónica avanzada (e.firma), la cual es necesaria para realizar trámites digitales ante el SAT.

Tener un buzón tributario activo. En la era digital, la manera en que el SAT se comunica contigo ha cambiado radicalmente. Atrás quedaron los tiempos en que un notificador, con carpeta en mano, tocaba la puerta de tu casa para entregarte citatorios o resoluciones. Hoy esas historias son parte de las anécdotas fiscales del pasado.

En la actualidad, el Buzón Tributario es tu **principal medio de comunicación oficial con el SAT**. A través de él, recibirás notificaciones de requerimientos, resoluciones, invitaciones para aclarar tu situación fiscal e incluso recordatorios de cumplimiento. Por eso, tenerlo activo y en buen estado de funcionamiento no es opcional, es absolutamente indispensable.

Para que funcione correctamente, debes registrar y mantener actualizados medios de contacto válidos. Es obligatorio designar un correo electrónico y un número de teléfono móvil.

Aquí es donde muchos cometen un error: usar correos electrónicos poco confiables o de servicios de dudosa calidad. Imagina perder un requerimiento importante solo porque tu proveedor de correo gratuito dejó de funcionar o tus mensajes se van directo a spam.

Evita usar correos de proveedores poco serios (por ejemplo, cuentas "raras" de dominios gratuitos que ya casi no existen o servicios sin soporte técnico). Algunos ejemplos de correos poco recomendables para tu buzón tributario podrían ser:

- juanito1234@correo-gratis-sinseguridad.com
- tuempresa@proveedordesconocido.net

En cambio, te recomendamos utilizar correos de servicios estables y profesionales como:

- Gmail (Google)
- Outlook (Microsoft)
- Tu propio correo corporativo con dominio propio (por ejemplo: contacto@tuempresa.com)

Recuerda: un buzón tributario mal configurado puede ser el principio de muchos dolores de cabeza. Una notificación "no leída" se considera legalmente "notificada" después del cuarto día en que se recibió el aviso, aunque nunca te hayas enterado. En fiscal, el "no me llegó" no es excusa.

Así que ya lo sabes: mantén tu buzón tributario activo, con medios de contacto serios y bajo control. Tu tranquilidad fiscal depende de ello.

Reglas Adicionales que debes tener en consideración: De acuerdo con la **Regla 3.13.32** de la Resolución Miscelánea Fiscal, si te inscribes en el RFC, reanudas actividades o actualizas tu situación para tributar en RESICO, deberás habilitar tu buzón tributario en un plazo máximo de dos meses.

Asimismo, la **Regla 3.13.33** establece que deberás generar o renovar tu e.firma dentro de los dos meses siguientes a presentar el aviso en el RFC.

Ejemplo: Al iniciar tu actividad, además de inscribirte en el RFC, tienes dos meses para habilitar tu buzón tributario y asegurarte de contar con tu e.firma vigente, lo que te permitirá realizar todos tus trámites de manera digital.

3. Comprobantes Fiscales Digitales por Internet (CFDI)

Obligación: Emitir y conservar CFDI que respalden la totalidad de tus ingresos efectivamente cobrados.

Emitir comprobantes a tus clientes por cada operación. Si el cliente no los solicita, deberás expedir un **comprobante global** conforme a las reglas que el SAT establezca.

Ejemplo: Si vendes servicios de asesoría, debes emitir un CFDI por cada servicio prestado. Si el cliente es del público en general y no solicita un comprobante individual, emitirás un **comprobante global**.

! **Advertencia fiscal:** Cuidado con el **comprobante global**: podría convertirse en una contingencia fiscal.

Aunque en apariencia el comprobante global puede parecer una solución práctica para registrar aquellas ventas en las que el cliente no solicitó factura, lo cierto es que puede convertirse en un verdadero dolor de cabeza si no se maneja con cuidado.

¿A qué nos referimos? A una disposición específica que impone una limitante muy estricta: el artículo 113-G, fracción V, segundo párrafo, de la Ley del ISR establece que este tipo de CFDI **"sólo podrá ser cancelado en el mes en que se emitió"**. Esto significa que si detectas un error en el comprobante —por ejemplo, un monto incorrecto— y ya pasó el mes, legalmente ya no podrías corregirlo, aunque se trate de un simple error material.

Este detalle, que a simple vista podría parecer menor, en la práctica ha generado serios problemas a muchos contribuyentes, afectando incluso su permanencia en el régimen. Por eso, en este análisis te explicamos por qué es tan importante tener precaución al emitir el comprobante global, qué dicen los tribunales al respecto y cómo puedes proteger tus derechos ante interpretaciones excesivamente rígidas por parte del SAT.

¿Por qué esta limitante representa un problema?

Imaginemos un escenario común: una persona contribuyente detecta un error en el monto reportado en su CFDI global—por ejemplo, se duplicó una venta o se capturó mal la cifra de ingresos. Si esta persona intenta cancelar ese comprobante en el mes siguiente, ya no podrá hacerlo, porque la norma le impide cancelarlo fuera del mes en que se emitió, incluso si se trata de un error evidente.

Este tipo de rigidez no sólo puede alterar la base gravable (es decir, el ingreso reportado para efectos del cálculo del impuesto), sino que incluso podría hacer que el contribuyente exceda el límite de ingresos permitidos en el RESICO, lo que lo obligaría a salir del régimen. Todo esto, sin oportunidad de corregir el error.

El criterio jurisdiccional que trae justicia al contribuyente

Por fortuna, este problema ha sido ya examinado en los tribunales gracias a la intervención de la Procuraduría de la Defensa del Contribuyente (PRODECON), en donde se resolvió que esta limitante es inconstitucional por violar el principio de seguridad jurídica consagrado en el artículo 16 de la Constitución, tal como quedó plasmado en el **Criterio Jurisdiccional 25/2024** (Aprobado en la 4ta. Sesión Ordinaria del 29/04/2024) **CFDI. RÉGIMEN SIMPLIFICADO DE CONFIANZA. LA LIMITANTE TEMPORAL PARA SU CANCELACIÓN CONTENIDA EN EL ARTICULO 113-G FRACCIÓN V, SEGUNDO PÁRRAFO, DE LA LEY DEL IMPUESTO SOBRE LA RENTA, CONTRAVIENE EL PRINCIPIO DE SEGURIDAD JURÍDICA.**

En dicho caso, una persona contribuyente impugnó la negativa del SAT de cancelar su CFDI global emitido con errores, argumentando que la norma impugnada no considera situaciones donde pueden surgir errores materiales legítimos, como sucede comúnmente con facturas emitidas al cierre de mes. El tribunal reconoció que dicha disposición es desproporcionada e incongruente, especialmente en un régimen diseñado para facilitar el cumplimiento fiscal a personas con menor capacidad administrativa.

Lo que dijo el tribunal: El órgano jurisdiccional concluyó que:

- El plazo para cancelar sólo en el mismo mes es demasiado restrictivo y no guarda proporción con la realidad operativa de los contribuyentes.
- La finalidad del CFDI es reflejar correctamente las operaciones realizadas, y si existe un error, debe haber una vía razonable para corregirlo.
- Esta limitante afecta derechos y contradice los principios de equidad y certeza jurídica.
- Se reconoció la aplicación del control difuso de constitucionalidad, declarando inconstitucional el segundo párrafo de la fracción V del artículo 113-G.

Conclusión práctica: El cumplimiento de las obligaciones fiscales bajo RESICO, aunque diseñado para ser sencillo, requiere una alta atención a los detalles, especialmente en la emisión del **comprobante**

global. La rigidez de la norma respecto a su cancelación ha generado verdaderos dolores de cabeza a los contribuyentes. No obstante, este criterio jurisdiccional sienta un precedente fundamental para impugnar la aplicación literal de esta disposición y reafirma que los derechos de los contribuyentes no pueden ceder ante la excesiva formalidad administrativa.

Por ello, si te enfrentas a una situación similar, no estás indefenso. Las vías legales existen y, como se ha demostrado, los tribunales pueden corregir interpretaciones excesivas del SAT, especialmente cuando afectan principios constitucionales como la seguridad jurídica.

4. Registro de Gastos e Inversiones

Obligación: Obtener y conservar los CFDI que amparen tus gastos e inversiones, ya que esto te ayudará a acreditar, **para los efectos del IVA**, los costos e inversiones necesarios para tus actividades.

Ejemplo: Si adquieres una computadora para tu oficina, debes solicitar y guardar el CFDI de la compra, el cual servirá como respaldo en caso de que la autoridad fiscal requiera comprobar tus gastos.

¿Gastos, pero, que se supone que no hay deducciones en RESICO? Sí, es correcto, pero **sí hay acreditamiento de IVA**. Pero, no nos adelantemos que en capítulos más adelante, abundaremos sobre el tema.

5. Declaración y Pago Mensual

Obligación: Realizar el **pago mensual del ISR** en términos del RESICO, a más tardar el día 17 del mes siguiente al que corresponda el pago.

Ejemplo: Si en el mes de enero obtuviste ingresos por tus actividades en RESICO, deberás presentar el pago correspondiente a más tardar el 17 de febrero. Asimismo, en abril del año siguiente deberás presentar la declaración anual; sin embargo, sobre este punto no hay que preocuparse, ya que, si bien la Ley del ISR establece dicha obligación, como se analizará más adelante, la Resolución Miscelánea Fiscal prevé una facilidad que permite no presentar dicha declaración.

6. Requisitos para Reanudación y Vigencia en el RESICO

- Estar activo en el RFC.
- En caso de reanudación de actividades, que en el ejercicio anterior los ingresos amparados no hayan excedido de $3,500,000.00.
- Estar al corriente en el cumplimiento de tus obligaciones fiscales conforme al artículo 32-D del Código Fiscal de la Federación. Esto significa no tener deudas fiscales pendientes, estar registrado en el RFC, presentar tus declaraciones en tiempo y forma, y no estar en listas de

contribuyentes con irregularidades. En otras palabras, si el fisco detecta que alguien tiene problemas con el SAT, esa persona o empresa no podrá acceder a contratos o beneficios gubernamentales hasta que regularice su situación.

- No figurar en el listado de contribuyentes del SAT según lo previsto en el artículo 69-B, cuarto párrafo del Código Fiscal de la Federación (simulación de operaciones por no haber demostrado contar con activos, personal, infraestructura y capacidad material para prestar los servicios amparados en los CFDI's)

7. Consecuencias del Incumplimiento

Si las autoridades fiscales detectan que has recibido ingresos sin emitir los CFDI correspondientes, se te revocará el derecho a tributar bajo el RESICO, obligándote a hacerlo en términos del régimen general establecido en otros capítulos de la Ley del ISR, como pueden ser el régimen de actividades empresariales y profesionales, cuya tasa de ISR puede llegar al 35%.

Cumplir con los requisitos y obligaciones del RESICO implica mantener tu información actualizada en el RFC, contar con herramientas digitales como la e.firma y el buzón tributario, emitir correctamente los comprobantes fiscales y realizar los pagos y declaraciones en los plazos establecidos. Estas medidas buscan simplificar el cumplimiento fiscal para pequeños contribuyentes, facilitándoles la administración de sus obligaciones y evitando cargas adicionales. Si en algún momento tienes dudas o dificultades para cumplir con estos requerimientos, es recomendable contar con el asesoramiento de un especialista en materia fiscal.

CAPÍTULO 4
CONTABILIDAD EN RESICO: LO ESENCIAL (Y LO QUE NADIE TE ACLARA)

Muchas personas creen que estar en el Régimen Simplificado de Confianza (RESICO) significa olvidarse por completo de la contabilidad. Y es cierto que este régimen fue creado para facilitar las cosas, pero eso no significa que puedas desentenderte por completo del tema.

La clave está en distinguir entre **llevar contabilidad y enviar la contabilidad electrónicamente al SAT**. Son cosas diferentes que aquí te explicaremos.

¿Estoy obligado a enviar mi contabilidad electrónica si tributo en el RESICO?

Buena noticia para quienes están en el Régimen Simplificado de Confianza (RESICO): **No tienes que enviar tu contabilidad electrónica cada mes al SAT.**

Esto se debe a una facilidad que otorga la Resolución Miscelánea Fiscal, específicamente en la **regla 3.13.17**, que exenta a las personas físicas y morales del RESICO de dos obligaciones que normalmente sí aplican para otros contribuyentes:

- Enviar cada mes la contabilidad electrónica al SAT, que normalmente se haría en la plataforma oficial (esto está regulado en el artículo 28, fracción IV del Código Fiscal).
- Presentar la famosa DIOT del IVA, que es un reporte sobre tus operaciones con proveedores y cómo se manejó el IVA en cada una (esto se menciona en el artículo 32, fracción VIII de la Ley del IVA).

¿Entonces ya no tengo que hacer nada? ¿Puedo olvidarme de la contabilidad?

No del todo. Aunque no tienes que enviar esa información cada mes al SAT, sí estás obligado a llevar un registro ordenado y tener tu contabilidad disponible en caso de que te la pidan. Esta es una regla general que aplica a todos los que manejan ingresos y pagan impuestos, y está contemplada en el Código Fiscal de la Federación y su reglamento. En otras palabras:

✅ No tienes que cargar archivos contables al SAT todos los meses.

⚠️ Pero sí debes tener tus datos contables bien organizados y listos por si hay una revisión.

¿Y cómo puedo llevar esa contabilidad sin complicarme?

Aunque no se trata de una contabilidad formal como la de las grandes empresas, sí es recomendable que sigas estos pasos básicos:

1. **Registra todos tus ingresos y gastos:** Anota cada venta, cada compra, cada gasto del negocio. Esto te ayudará a saber cuánto estás ganando realmente y a detectar posibles errores en las declaraciones automáticas del SAT.
2. **Lleva un control de tus clientes y proveedores:** Tener esta información te permitirá hacer seguimientos, identificar tendencias de consumo y facilitar cualquier trámite.
3. **Monitorea tu inventario:** Si vendes productos físicos, controla bien lo que entra y lo que sale. Te ayudará a evitar pérdidas y a mantener un buen servicio.
4. **Usa herramientas digitales:** Existen plataformas muy accesibles y fáciles de usar para registrar tus operaciones. Algunas incluso se conectan con tu facturación y te generan reportes útiles.
5. **Consulta a un contador cuando sea necesario:** No siempre tendrás que pagar un servicio fijo, pero sí es buena idea buscar asesoría en momentos clave, como al hacer tu declaración anual o cuando tengas dudas sobre un cambio en tus obligaciones.

En resumen:

Tema	¿Qué aplica en RESICO?
Llevar contabilidad	Sí, aunque simplificada y para uso interno
Enviar contabilidad electrónica al SAT	No, estás exento
Presentar la DIOT del IVA	No, también estás exento
Llevar control del IVA (y del IEPS si aplica)	Sí, debes tener tus registros y comprobantes disponibles
Usar contabilidad para mejorar tu negocio	Recomendado 100%

Consejo fiscal final: Aprovecha la simplificación del RESICO, pero no bajes la guardia. Llevar tu contabilidad al día es como tener un mapa claro de tu negocio. No solo te ayuda a cumplir con Hacienda, también te da tranquilidad y control sobre tus finanzas.

La Importancia de la Materialidad en el RESICO ¿Parte de la contabilidad?

Uno de los temas más temidos, y a la vez más ignorados por muchos contribuyentes, es el de la ***famosa*** **materialidad**. Y no, no estamos hablando de *espiritualidad versus lo físico*, sino de algo muy concreto en el mundo fiscal: **la capacidad de probar, con elementos reales y verificables, que las operaciones que**

facturaste efectivamente existieron y fueron prestadas o entregadas.

Puede sonar a exceso de burocracia, pero lo cierto es que la materialidad se ha convertido en una verdadera pesadilla para quienes no están preparados, ya que el SAT la utiliza como una herramienta clave en auditorías para hacer todo tipo de rechazos e imposición de multas.

¿No puedes probar que sí hiciste ese servicio o que entregaste ese producto? Entonces, cuidado, porque podrías terminar en el *macabro* procedimiento del **artículo 69-B del Código Fiscal de la Federación**, también conocido como el **"el listado negro del SAT"** de los contribuyentes. Este procedimiento busca detectar operaciones simuladas y puede derivar en consecuencias gravísimas: cancelación de facturas, créditos fiscales impagables, multas y hasta responsabilidad penal si se detecta dolo o fraude.

Pero no te asustes —**¡organízate!** La buena noticia es que, si estás en el RESICO, el nivel de exigencia no es tan alto como para las grandes empresas. Sin embargo, sí hay prácticas sencillas pero efectivas que puedes implementar para estar blindado:

- **Haz siempre un contrato básico** por cada servicio importante que prestes.
- **Genera cotizaciones** antes de emitir tus facturas y consérvalas.
- **Guarda todos los correos electrónicos** donde negocies precios, detalles, entregas o condiciones.

- Si entregas un trabajo como un estudio de marketing, diseño gráfico, manual técnico, informe contable, etc., **respalda tu entrega con evidencias** y guarda copia del archivo enviado.
- **Toma fotografías o capturas de pantalla**, si aplica, sobre avances o entregas parciales.
- Y lo mejor: **guarda todo esto en carpetas digitales por cliente o por operación, bien organizadito**. Puede sonar laborioso, pero si lo haces en el momento justo, no tarda más que unos minutos. Y esos minutos pueden valer oro si el SAT toca tu puerta.

Como dice el dicho: *"Más vale prevenir que lamentar una auditoría"*, y en temas fiscales esto es casi ley de vida. La materialidad es tu seguro de vida tributario: si algún día el SAT te revisa, tú tranquilo, porque puedes demostrar que todo fue legal, real y verificable.

Consejo fiscal: no te dejes llevar por la confianza de que "nunca me van a revisar", ni caigas en la trampa de la informalidad disfrazada de simplicidad. El RESICO es sencillo, sí, pero no por eso puedes relajarte de más. Llevar un orden mínimo y documentar tus operaciones es una inversión en paz fiscal.

CAPÍTULO 5
FACTURAR YA NO BASTA: LA MATERIALIDAD FISCAL Y EL NUEVO RIESGO OCULTO DEL RESICO

Durante años, muchos contribuyentes creyeron que cumplir con el SAT consistía, esencialmente, en tres acciones básicas: **emitir facturas, presentar declaraciones y pagar impuestos.** Para miles de personas físicas —especialmente aquellas inscritas en regímenes simplificados— esa lógica parecía suficiente y, en la práctica cotidiana, funcionó durante bastante tiempo.

Sin embargo, a partir de 2026, esa visión queda oficialmente rebasada. La reforma al Código Fiscal de la Federación (CFF) de 2026, introdujo un cambio profundo, silencioso y altamente relevante para quienes tributan en el Régimen Simplificado de Confianza (RESICO): **ya no basta con facturar; ahora hay que probar que lo facturado es real.**

En los últimos años, una palabra ha comenzado a ocupar un lugar central en el lenguaje fiscal: ***materialidad.*** Para muchos contribuyentes suena lejana, técnica o exagerada. Para otros —lamentablemente— solo adquiere importancia cuando el SAT ya tocó la puerta.

Con los cambios legales que entraron en vigor en 2026, la **materialidad** dejó de ser un tema exclusivo de grandes empresas o de esquemas de facturación agresiva. Hoy, también alcanza de lleno a los contribuyentes del RESICO.

El nuevo requisito del CFDI: operaciones reales y existentes

A partir de 2026, el artículo 29-A del Código Fiscal de la Federación incorpora un requisito que cambia las reglas del juego. En su primer párrafo, **fracción IX**, establece que los comprobantes fiscales digitales por Internet (CFDI) deberán:

"Amparar operaciones existentes, verdaderas o actos jurídicos reales."

A simple vista, la disposición parece obvia. ¿Quién emitiría una factura por algo que no existe? Sin embargo, en términos fiscales, **existir no significa solo haber cobrado**, ni siquiera haber prestado el servicio: **significa poder demostrarlo plenamente**.

Aquí es donde entra la **materialidad fiscal a la que hicimos referencia en capítulo anterior**.

Entonces, con base en lo anterior, surge una duda: ¿Es la misma materialidad a la que se refiere el artículo 29-A, fracción IX del CFF, que la materialidad del conocido artículo 69-B?

Dos artículos, una palabra… y finalidades distintas. La respuesta breve es no. La respuesta correcta es que **ambas persiguen finalidades similares, pero operan en planos distintos**. Uno de los objetivos de este capítulo es explicarte esa diferencia de forma clara, práctica y sin alarmismos… pero también sin minimizar los riesgos reales.

Materialidad fiscal: lo que dice el CFDI… y lo que el SAT puede cuestionar

La materialidad del artículo 29-A, fracción IX: el CFDI como punto de partida: El artículo 29-A, fracción IX del Código Fiscal de la Federación, como ya lo referimos, establece que los CFDI deben: ***"Amparar operaciones existentes, verdaderas o actos jurídicos reales."***

A simple vista, la frase parece obvia. Nadie debería facturar algo que no ocurrió. Sin embargo, este requisito **no es decorativo**, ni una mera declaración de principios. En realidad, este artículo introduce una **exigencia intrínseca al comprobante fiscal**. Es decir:

- El CFDI **no basta por sí solo**.
- El CFDI debe corresponder a **una operación real**.

Y esa realidad **debe poder acreditarse**, si la autoridad lo solicita. Aquí la materialidad funciona como un **requisito interno del comprobante**. El mensaje es claro: *Si facturas algo, debes poder demostrar que ocurrió.*

Entendiendo la materialidad a la que se refiere el artículo 69-B del CFF

El requisito de materialidad previsto en el artículo 29-A, fracción IX del CFF, como un estándar mínimo de soporte documental de los CFDI, y por otro, el procedimiento del artículo 69-B, diseñado para combatir operaciones inexistentes. Aunque ambos mecanismos comparten una lógica común —evitar la simulación—, su alcance, profundidad y consecuencias jurídicas son distintas. Entender estas diferencias no es un lujo académico, sino una necesidad práctica para evitar riesgos fiscales innecesarios. En materia fiscal, como bien dice el dicho, más vale ocuparse que preocuparse.

El artículo 69-B del CFF va mucho más allá. Establece que:

"Cuando la autoridad detecte que un contribuyente emite comprobantes ***sin contar con activos, personal, infraestructura o capacidad material****, o bien, se encuentre no localizado,* ***se presumirá la inexistencia de las operaciones****."*

Aquí la materialidad ya no es solo un requisito del CFDI. Es el **núcleo de un procedimiento formal de fiscalización**, cuya finalidad es revisar el núcleo central de operación de un contribuyente, es decir, no solo se atiende al requisito intrínseco del CFDI, sino a la forma en que un contribuyente está organizado no solo desde el punto de vista fiscal, **sino operativo** para estar en aptitud y capacidad de poder prestar el servicio que se ampara dentro del CFDI.

Por eso decimos que el 69-B es una **formalidad mucho más rigurosa**, diseñada para combatir esquemas de simulación, factureros y operaciones inexistentes.

Materialidad y RESICO: un binomio delicado

¿El artículo 29-A, fracción IX obliga a documentar? Sí.

Una interpretación razonable —y cada vez más compartida— es que el requisito del 29-A, fracción IX **obliga a documentar las operaciones**, aunque la ley no enumere expresamente qué documentos debes tener.

Conviene decirlo con toda claridad: **no existe —ni existirá— un manual universal de "materialidad para RESICO"**, un ABC que aplique igual para todos los contribuyentes.

La razón es simple y profundamente práctica: en el mundo real, **no todas las operaciones son iguales.** No factura lo mismo un profesionista independiente que un comerciante, ni documenta igual un freelancer digital que un prestador de servicios físicos. Como se dice coloquialmente, **no a todos les cae el mismo saco.**

Precisamente por eso, la materialidad no puede entenderse como una lista rígida de documentos, sino como un ejercicio de lógica y coherencia entre lo que se hace, lo que se cobra y lo que se puede probar.

El artículo 29-A, fracción IX no exige expedientes perfectos ni trámites imposibles; exige sentido común documentado. El estándar no es la formalidad extrema, sino la congruencia: que los ingresos declarados tengan respaldo razonable acorde con la actividad, la capacidad operativa y la forma en que realmente se desarrolla el negocio. Entender esto libera al contribuyente de la parálisis del miedo y lo coloca en el terreno correcto: **no documentar por cumplir, sino documentar para protegerse**.

Esto no significa que todos deban cumplir con los mismos requisitos. La materialidad **depende del tipo de actividad**, pero hay un mínimo común denominador:

- Contratos (preferentemente con fecha cierta)
- Cotizaciones
- Correos electrónicos
- Evidencia de entrega de bienes o servicios
- Reportes, avances, fotografías, bitácoras
- Comprobantes de pago

No se trata de crear expedientes imposibles, sino de **respaldar lo que facturas**.

Ejemplos prácticos:

a) Prestador de servicios profesionales

Un abogado, consultor o contador que emite honorarios debería conservar:

- Contrato de prestación de servicios (preferentemente con fecha cierta)
- Correos electrónicos con instrucciones o entregables
- Evidencia del trabajo realizado (dictámenes, escritos, reportes)
- Comprobantes de pago
- Agenda o bitácora de actividades

b) Diseñador, *community manager* o freelancer digital

La materialidad puede acreditarse con:

- Cotizaciones aceptadas
- Correos electrónicos
- Entregables digitales
- Accesos a plataformas
- Reportes de campañas
- Capturas de resultados

c) Comerciante o prestador de servicios físicos

Aquí pueden ser clave:

- Contratos
- Órdenes de compra

- Fotografías
- Evidencia de entrega
- Guías, remisiones, inventarios

La regla general es clara: **si no puedes probarlo, para el SAT no existió**.

El discurso oficial vs. la realidad del contribuyente

En el discurso político, esta reforma se presenta como un mecanismo para combatir solo a:

- Defraudadores fiscales
- Factureros
- Empresas fachada

Y sin duda, ese objetivo existe. Sin embargo, en la práctica, **el riesgo más alto no lo corren los grandes defraudadores**, sino:

- Contribuyentes con operaciones pequeñas o moderadas, pero que tienen una mala administración de su negocio
- Contribuyentes ordenados… pero sin respaldo documental
- Profesionistas que "confían" en relaciones informales
- Emprendedores que no documentan adecuadamente

La reforma **no distingue intención**, distingue **prueba**. Volvemos a repetirlo, en materia fiscal, *"el camino a la auditoría infernal está lleno de buenas intenciones."*

"No te preocupes, eso es solo para grandes empresas": la trampa más común

Uno de los consejos más peligrosos que circulan —incluso entre algunos asesores— es este: *"Eso de la materialidad es solo para factureros o empresas grandes, tú no te preocupes, no te dejes asustar."*

Nada más lejos de la realidad. La autoridad fiscal **no distingue por tamaño o intenciones**, sino por cumplimiento. Un contribuyente pequeño, mal documentado, puede ser tan vulnerable como uno grande.

Por eso vale la pena recordar un principio básico en materia fiscal:

Más vale ocuparse que preocuparse.

Quien se ocupa:

- Documenta
- Ordena
- Previene

Quien se preocupa:

- Reacciona tarde
- Corrige bajo presión
- Asume riesgos innecesarios

El artículo 49-Bis del CFF: el nuevo procedimiento de revisión del que deben estar pendientes los contribuyentes del RESICO

El nuevo requisito de materialidad no viene solo. Se acompaña de un **procedimiento específico de fiscalización**, previsto en el **artículo 49-Bis del CFF**, diseñado expresamente para revisar el cumplimiento del requisito establecido en el artículo 29-A, fracción IX que ya mencionamos.

¿Qué establece el nuevo Artículo 49 Bis?

El procedimiento inicia cuando la autoridad presume que un contribuyente **emite CFDI falsos**. Con esa sola presunción, el SAT puede:

- Emitir una **orden de visita domiciliaria**.
- **Suspender inmediatamente** la emisión de CFDI del contribuyente (Restricción de CSD).
- Realizar verificaciones con fotografías, audios y videos.
- Declarar falsos los CFDI en un plazo máximo de **24 días hábiles**.

En estos supuestos:

1. El contribuyente visitado tiene únicamente **5 días hábiles** para ofrecer pruebas y desvirtuar la presunción.

2. Si no logra hacerlo, la autoridad determinará que los CFDI son falsos **con efectos generales** y que **todas las operaciones amparadas por ellos carecen de efectos fiscales**, tanto para el emisor como para los receptores.
3. Posteriormente, el SAT publicará el nombre y RFC del contribuyente en su portal y en el Diario Oficial de la Federación, y otorgará solo **30 días naturales** a los terceros que recibieron esos CFDI para corregir sus declaraciones, so pena de ser sancionados con la **restricción temporal de su Certificado de Sello Digital (CSD)**.

¿Qué hace tan controvertido este nuevo procedimiento?

Aunque el objetivo declarado es combatir la evasión y el uso de facturas falsas, el mecanismo diseñado plantea **cuatro riesgos constitucionales importantes**:

1. La suspensión inmediata del CSD sin debido proceso

Desde la notificación de la orden de visita, el contribuyente queda automáticamente **imposibilitado para emitir CFDI**. Esto ocurre **sin que exista resolución**, sin audiencia previa y sin un análisis técnico de fondo.

Esta medida cautelar podría contravenir el **principio de presunción de inocencia** y el **derecho de audiencia previa**, reconocido por la Suprema Corte y por el artículo 14 constitucional.

2. Plazos excesivamente reducidos para aportar pruebas

El contribuyente cuenta con solo **5 días hábiles** para demostrar la materialidad de sus operaciones, un plazo claramente insuficiente para:

- Recabar contratos,
- Obtener estados de cuenta,
- Reconstruir evidencia documental,
- Integrar reportes y comprobantes,
- Preparar análisis contables y fiscales.

Los procedimientos del artículo 69-B (EFOS/EDOS), por ejemplo, contemplan **30 días**, lo cual hace evidente la desproporción.

El principio constitucional de **seguridad jurídica** exige que los plazos sean razonables y permitan una defensa real, no meramente formal.

3. Efectos generales que afectan a terceros… sin derecho de audiencia

Quizá el punto más problemático del artículo es éste:

Cuando la autoridad declara falsos los CFDI, esa resolución **afecta automáticamente a todos los receptores** de dichos comprobantes, a quienes:

1. Se les exige revertir efectos fiscales,
2. Se les obliga a presentar declaraciones complementarias en **solo 30 días naturales**,
3. Se les amenaza con la **restricción del CSD** si no lo hacen.

El problema es evidente: **ninguno de esos terceros fue parte del procedimiento**. No pudieron participar, no fueron notificados, no pudieron aportar pruebas ni defender la legitimidad de su operación.

Esto implica una clara violación a:

- El **derecho de audiencia** (Art. 14 constitucional)
- El **debido proceso**
- La **seguridad jurídica**
- El principio de que *"nadie puede ser afectado por un procedimiento en el que no fue parte"*. Además, la autoridad no distingue entre un tercero de buena fe y uno presuntamente involucrado en simulación.

4. Declaratoria de CFDI falsos con efectos retroactivos

El artículo ordena que todas las operaciones **no producen efecto fiscal alguno**, incluidas aquellas realizadas **antes de la visita**.

Esto constituye un efecto **retroactivo**, prohibido por el artículo 14 constitucional salvo que sea estrictamente favorable al contribuyente, lo cual no es el caso.

Aunque la intención del legislador es comprensible —acelerar la detección de esquemas de evasión y evitar que EFOS sigan operando mientras se investiga— el mecanismo puede convertirse en un instrumento **altamente peligroso** si se aplica sin criterios estrictos, sin pruebas sólidas y sin salvaguardas.

El problema no es combatir la simulación. El problema es **cómo** se combate. Un procedimiento **sumario, acelerado** y **sin oportunidad real de defensa**, que genera **efectos automáticos en terceros**, corre un serio riesgo de ser declarado **inconstitucional** ante tribunales federales.

Pero lo más delicado no es lo que acabamos de mencionar, sino una consecuencia que puede resultar devastadora para los contribuyentes que se lleguen a ubicar en los supuestos del artículo 49-Bis del CFF: **Un nuevo delito diseñado para castigar el uso de comprobantes fiscales falsos.**

El artículo 113 Bis del CFF: cuando la mala administración puede convertirse en un riesgo penal real

A partir del año 2026 entró en vigor una reforma preocupante. Se adicionó un segundo párrafo a el artículo 113 Bis del Código Fiscal de la Federación, lo cual, desde nuestro punto de vista, marca un antes y un después en la forma en que el Estado mexicano concibe la relación entre cumplimiento fiscal y derecho penal. Su redacción es breve, pero su alcance es profundo:

Artículo 113 Bis. *Se impondrá sanción de dos a nueve años de prisión al que expida, adquiera o dé efectos fiscales a* ***comprobantes fiscales falsos.***

Este delito se investigará y perseguirá independientemente del estado en que se encuentre el procedimiento administrativo que, en su caso, se haya iniciado.

A simple vista, el tipo penal parece dirigido a combatir conductas claramente dolosas: esquemas de facturación falsa, empresas fachada, simulación de operaciones y defraudación fiscal estructurada. Bajo esa lectura, muchos contribuyentes se sienten a salvo, convencidos de que "eso solo aplica para factureros".

El problema es que **la ley no siempre opera como se percibe en el discurso político**, sino como se interpreta y se aplica en la práctica administrativa y penal.

El punto crítico: ¿qué es un CFDI "falso"?

Tradicionalmente, la idea de un comprobante fiscal falso se asociaba a la simulación evidente: facturas por operaciones inexistentes, sin actividad real detrás, uso de documentos falsos, apócrifos. Sin embargo, con la incorporación expresa del requisito de materialidad en el artículo 29-A, fracción IX del CFF, el concepto se amplía de manera preocupante.

Hoy, un CFDI puede ser considerado "falso" no únicamente cuando existe dolo, engaño o simulación intencional, sino también cuando **no es posible acreditar que ampara una operación existente, verdadera o un acto jurídico real.**

En otras palabras, **la falsedad puede surgir no del fraude, sino de la falta de prueba**.

Aquí es donde se rompe el paradigma clásico y aparece el verdadero riesgo para miles de contribuyentes que no actúan con mala fe, pero sí con desorden administrativo.

El delito sin dolo claro: mala administración como factor de riesgo penal

En la práctica cotidiana, muchos pequeños y medianos contribuyentes operan así:

- Acuerdos verbales con clientes frecuentes.
- Servicios efectivamente prestados, pero sin contrato.
- Entregables reales, pero sin resguardo documental.
- Pagos recibidos, pero con escasa trazabilidad.
- Confianza personal en lugar de evidencia formal.

Nada de lo anterior implica, por sí mismo, una intención de defraudar al fisco. Sin embargo, **en el nuevo diseño normativo, la buena fe no sustituye a la prueba**.

Y aquí cobra especial relevancia un principio que debería enseñarse desde el inicio de cualquier actividad económica:

No nos cansamos de repetirlo: En materia fiscal, el camino a la auditoría infernal —y eventualmente a la cárcel— está lleno de buenas intenciones.

El contribuyente no es evaluado por lo que "realmente hizo", sino por **lo que puede demostrar**. Cuando esa demostración falla, el sistema no distingue entre el defraudador profesional y el contribuyente desordenado.

Prisión preventiva oficiosa: el riesgo antes de la sentencia

El escenario se agrava aún más cuando se vincula el artículo 113 Bis con el artículo 19 de la Constitución Política de los Estados Unidos Mexicanos, que clasifica ciertos delitos fiscales como graves y sujetos a **prisión preventiva oficiosa**.

- Esto tiene una implicación brutal y muchas veces subestimada:
- No es necesario que exista una sentencia condenatoria.
- No es indispensable que se haya agotado el procedimiento administrativo.
- Basta la imputación penal en ciertos supuestos para que una persona pueda ser privada de su libertad mientras se resuelve el proceso.

En términos reales, esto significa que **un problema fiscal puede transformarse en un problema penal antes de que exista certeza jurídica definitiva**.

El tercer párrafo del artículo 113 Bis: el mayor foco rojo

El aspecto más delicado del artículo 113 Bis se encuentra en su tercer párrafo:

"Este delito se investigará y perseguirá independientemente del estado en que se encuentre el procedimiento administrativo que, en su caso, se haya iniciado."

Esta disposición rompe con una lógica histórica del derecho fiscal y administrativo, en la que primero se resolvía la legalidad del acto fiscal y, solo después, se analizaban eventuales responsabilidades penales.

Ahora, **la vía penal puede activarse de manera paralela**, incluso cuando:

- El procedimiento del artículo 49-Bis del CFF no ha concluido.
- No existe una resolución firme.
- El contribuyente aún se encuentra en etapa de aclaración o aportación de pruebas.

Desde una perspectiva garantista, esto abre la puerta a interpretaciones amplias, discrecionales y potencialmente desproporcionadas. El delito queda peligrosamente abierto a criterios administrativos que, en muchos casos, se construyen con plazos reducidos y bajo presión probatoria extrema.

¿Aplicará solo a casos extremos? Tal vez. ¿Conviene confiarse? No.

Es cierto que, en teoría, este tipo penal debería reservarse para los casos más evidentes y graves de defraudación fiscal. Es probable que, en muchos casos, así ocurra.

Pero **el contribuyente prudente no diseña su estrategia de cumplimiento con base en lo que "probablemente" hará la autoridad**, sino con base en lo que **legalmente puede hacer**.

Y hoy, la autoridad tiene herramientas suficientes para escalar un incumplimiento documental hacia un escenario penal, si así lo considera procedente.

Por eso, aunque muchos sostengan que "esto solo aplica a factureros", la postura inteligente es otra:

- **Más vale un blindaje preventivo que una defensa reactiva.**
- **Más vale documentar de más que explicar de menos.**
- **Más vale prevenir que lamentar.**

¿Qué deberían considerar los contribuyentes ante este nuevo escenario?

- **Fortalecer la materialidad de todas sus operaciones**—contratos, evidencia logística, control de inventarios, reportes de servicios, fotografías, comprobantes de pago.

- **Verificar rigurosamente a sus proveedores**—información corporativa, domicilios, actividad real, infraestructura, antecedentes fiscales.
- **Dar seguimiento constante al DOF y al portal del SAT**—para identificar cualquier publicación de contribuyentes listados bajo 49 Bis.
- **Preparar evidencia anticipada**—una "carpeta preventiva" con pruebas predocumentadas que faciliten la defensa en caso de una visita.
- **Buscar asesoría legal inmediata** ante cualquier notificación, suspensión de CSD o visita domiciliaria.

Reflexiones finales

A partir de 2026, **facturar sin materialidad es un riesgo innecesario**. El RESICO sigue siendo un régimen atractivo, pero exige **orden, disciplina y evidencia**.

El contribuyente que entienda esto no solo evitará problemas, sino que **fortalecerá su posición fiscal**. Porque en la nueva era tributaria, **la confianza se presume, pero la materialidad se prueba**.

CAPÍTULO 6
¿QUÉ TIPO DE INGRESOS NO SON COMPATIBLES CON RESICO?

Ingresos que No tributan bajo el RESICO

Ya hemos visto que el Régimen Simplificado de Confianza (RESICO) está diseñado exclusivamente para personas físicas que realizan actividades empresariales, profesionales o que otorgan el uso o goce temporal de bienes (arrendamiento). Sin embargo, esto significa que ciertos tipos de ingresos no pueden tributar bajo este régimen ni beneficiarse de sus tasas preferenciales y facilidades administrativas.

A continuación, explicamos cuáles son estos ingresos y en qué regímenes fiscales tributan:

1. Sueldos, salarios e ingresos asimilados a salarios

Si eres empleado y recibes un sueldo o salario de un patrón, no puedes tributar en el RESICO **por estos ingresos**. Esto incluye a:

- Obreros, asistentes, funcionarios y directivos de empresas dados de alta con un patrón ante el IMSS.
- Militares y miembros de las Fuerzas Armadas.
- Personas que reciben ingresos asimilados a salarios, como consejeros, administradores o trabajadores que prestan servicios de manera independiente, pero bajo ciertos esquemas de retención.

◆ **Ejemplo práctico:** Si trabajas en una empresa como ingeniero y recibes un sueldo mensual, este ingreso tributará en el régimen de sueldos y salarios, no en el RESICO.

2. Ingresos por intereses

Las personas físicas que obtienen ingresos a través de instituciones bancarias, aseguradoras o financieras deben tributar en el régimen de intereses, no en el RESICO. Esto aplica a:

- Inversionistas que reciben rendimientos por depósitos bancarios, bonos o instrumentos financieros.
- Personas que generan ingresos pasivos mediante inversiones en bancos u otras entidades financieras.

◆ **Ejemplo práctico:** Si tienes una cuenta de inversión y recibes intereses por tus ahorros, estos ingresos tributan bajo el régimen de intereses, sin importar que además tengas una actividad en el RESICO.

3. Actividades Empresariales con ingresos a través de Plataformas Tecnológicas

¿Puedo tributar en RESICO si gano dinero a través de plataformas digitales?

Si eres una persona física que obtiene ingresos mediante plataformas digitales como **Uber, Didi, Rappi, Airbnb, Mercado Libre** o cualquier otra aplicación en la que ofrezcas servicios o vendas productos, debes saber que estos ingresos no pueden tributar dentro del RESICO.

¿Por qué los ingresos de plataformas digitales no entran en RESICO?

El motivo es que la Ley del Impuesto sobre la Renta (ISR) establece un régimen especial para quienes perciben ingresos a través de plataformas digitales. Este régimen tiene reglas específicas, como la obligación de pagar impuestos a través de retenciones aplicadas por las propias plataformas.

Si además de esos ingresos tienes otro tipo de actividad empresarial, profesional o de arrendamiento de bienes, podrías tributar en RESICO solo por esos ingresos adicionales, pero no por lo que generes en plataformas digitales.

¿Cómo se pagan los impuestos en plataformas digitales?

Los impuestos de estos ingresos se pagan conforme al régimen de plataformas digitales, donde las empresas intermediarias están obligadas a retener un porcentaje del ISR y del IVA en cada pago que recibes. Posteriormente, debes presentar tus declaraciones ante el SAT, considerando lo ya retenido.

4. Obtención de premios

Si ganaste un premio en una rifa, sorteo, juegos de apuesta o lotería, esos ingresos tributarán en un régimen especial para premios, con una retención específica, y no podrán incluirse en el RESICO.

◆ **Ejemplo práctico:** Si compras un boleto de lotería y ganas un premio, el ISR correspondiente se calculará según la tasa aplicable a premios, sin posibilidad de incluirlo en el RESICO.

5. Dividendos

Si eres socio o accionista de una empresa y recibes dividendos de una persona moral, estos ingresos tributan en un régimen específico para dividendos y no pueden incluirse en el RESICO. Además, existe una prohibición expresa en la ley del ISR para que quienes obtienen este tipo de ingresos, puedan tributar en RESICO, lo cual, desde nuestro punto de vista, resulta inconstitucional. En otro capítulo abundaremos sobre el tema.

◆ **Ejemplo práctico:** Si tienes acciones en una empresa y recibes dividendos anuales, estos se gravan de acuerdo con la normativa aplicable a dividendos, sin importar que también tributes en el RESICO por otra actividad.

6. Los *Demás* ingresos

La Ley del Impuesto Sobre la Renta también prevé un régimen para ingresos que no encajan en ninguna otra categoría específica que se denominan de esa manera "de los demás ingresos". Entre ellos se incluyen:

- Deudas perdonadas.
- Ganancias cambiarias.
- Derechos de autor percibidos por terceros.
- Operaciones financieras derivadas.

◆ **Ejemplo práctico:** Si un banco te condona una deuda, el monto perdonado se considera un ingreso acumulable para efectos fiscales, pero no tributa en el RESICO, sino en el régimen de "demás ingresos".

¿Significa esto que una persona solo puede dedicarse a actividades del RESICO?

No necesariamente. Sabemos que hay personas que pueden tener varias fuentes de ingreso al mismo tiempo. Esto significa que un contribuyente puede tributar en diferentes regímenes fiscales simultáneamente, dependiendo del tipo de ingresos que genere.

Ejemplo de combinación de regímenes:

- Un abogado puede tributar en el RESICO por sus servicios profesionales y al mismo tiempo recibir sueldos y salarios de una empresa.
- Un comerciante puede estar en el RESICO por su negocio propio y recibir intereses por inversiones bancarias.

Ingresos que no van con RESICO: ¡Ojo! No todo se mezcla en la misma licuadora fiscal

Aunque puedas tener estos ingresos a la par de tu actividad en RESICO, cada uno debe cumplir sus propias reglas fiscales: declaraciones, retenciones, deducciones específicas y obligaciones distintas.

Es decir, no se mezclan automáticamente en tu declaración de RESICO. Cada tipo de ingreso vive su propia vida tributaria.

→ **Por ejemplo:** si eres arquitecto en RESICO, pero además trabajas como empleado en una empresa, tu patrón te retiene impuestos por tu sueldo. Eso va en una declaración de sueldos y salarios, no en la de RESICO.

→ Si aparte ganas dinero invirtiendo en CETES o fondos de inversión, los intereses se declaran también en su propio apartado, no se "echan" dentro de tu actividad de RESICO.

→ Y si manejas ingresos de plataformas digitales, como vender productos en Amazon, tendrás que cumplir lo que marca el régimen de plataformas, ¡sin olvidarte de tu RESICO!

⚠ **Advertencia fiscal:** El gran error que debes evitar es pensar que RESICO es una bolsa mágica donde todo cabe. Cada ingreso debe ser identificado, separado y tratado conforme a su régimen específico.

Entender esto te ahorrará multas, omisiones y problemas con el SAT.

Sin embargo, como lo veremos en próximos capítulos, hay ciertos regímenes que no pueden coexistir con el RESICO, lo que significa que, si una persona obtiene ingresos en estos regímenes, automáticamente queda excluida del RESICO.

En nuestra opinión, esta restricción es inconstitucional, ya que impide a ciertos contribuyentes acceder a los beneficios del RESICO simplemente por tener otras fuentes de ingreso.

Por ello, si tienes ingresos de diferentes fuentes, es importante analizar tu situación fiscal con detenimiento para asegurarte de tributar correctamente en cada régimen aplicable.

CAPÍTULO 7
RESICO: PROHIBIDO EL PASO A ESTAS PERSONAS Y ACTIVIDADES

Como ya hemos venido mencionando, el Régimen Simplificado de Confianza (RESICO) fue creado con una intención clara: hacer más fácil el cumplimiento fiscal para personas físicas que trabajan por su cuenta, ya sea ofreciendo servicios profesionales, teniendo un pequeño negocio o rentando inmuebles. En pocas palabras, se trata de una apuesta del SAT por la confianza, la formalidad y la simplificación. Pero como todo en la vida (y más en materia fiscal), no todo mundo está invitado a esta fiesta.

Aunque el nombre del régimen suene amigable, como si dijera "ven, aquí todo es más sencillo", la realidad es que **la puerta de entrada no está abierta para todos**, y no es raro encontrarse con restricciones que, a primera vista, parecen más un filtro de migración que una norma fiscal. Algunas prohibiciones tienen sentido lógico — por ejemplo, evitar que quienes ya tienen estructuras complejas o ingresos altos usen un régimen pensado para contribuyentes pequeños—, pero otras podrían generar dudas y hasta levantar una ceja. ¿Por qué no se permite a ciertos profesionistas estar aquí? ¿Por qué se prohíben actividades que, en teoría, podrían ser perfectamente formales y legítimas?

La Ley del ISR, en su artículo 113-E, octavo párrafo, establece con claridad quiénes quedan fuera del RESICO, ya sea por el tipo de actividad que realizan, por la manera en que están organizados o por ciertas condiciones específicas. En este capítulo, vamos a desmenuzar estas prohibiciones una por una, explicándolas de forma sencilla, sin lenguaje jurídico enredado, para que sepas con certeza si puedes o no pertenecer a este régimen.

Y si te preguntas por qué tanto filtro, no estás solo. El RESICO es **bueno, bonito y barato...** pero exclusivo, y conocer las reglas del juego es fundamental para no caer en errores que luego puedan derivar en multas, cancelaciones de régimen o, peor aún, problemas con tu situación fiscal.

Así que, acompáñanos a revisar quiénes sí, quiénes no, y quiénes "depende" pueden entrar al RESICO. Porque en materia fiscal, como dice el dicho, "el que avisa no es traidor", y aquí te avisamos todo.

1. Socios, accionistas o integrantes de personas morales

El primer supuesto de exclusión se da cuando una persona física es socio, accionista o integrante de una persona moral, o bien, cuando es parte relacionada en los términos del artículo 90 de la Ley del ISR.

Dato curioso surrealista: ¿Sabías que, para efectos fiscales, no importa si eres socio de una gran empresa o de una tiendita de la esquina? Si tienes acciones o participaciones en una persona moral, el SAT automáticamente te ve como alguien de "clase alta".

¡Así tengas más deudas que activos o seas socio solo "de papel"! En materia fiscal, ser socio es suficiente para que te digan: *"Lo siento, el RESICO no es para ti"*.

¿Por qué esta restricción?

El RESICO busca apoyar a pequeños contribuyentes individuales, facilitándoles el pago de impuestos con tasas más bajas y trámites más simples. Sin embargo, según el razonamiento del legislador, si una persona tiene participación en una empresa, existe la posibilidad de que transfiera ingresos o utilidades de la persona moral a su persona física para tributar con tasas preferenciales. Para evitar esta práctica, la ley prohíbe que socios o accionistas opten por el RESICO.

Además —y aquí entre nos—, el legislador parece pensar que **cualquiera que tenga acciones o sea socio de una empresa automáticamente pertenece a la "alta sociedad"**, como si todos fueran grandes empresarios multimillonarios.

La realidad es otra: muchos socios o accionistas son profesionistas o emprendedores que apenas están empezando o que participan en empresas pequeñas. Sin embargo, para la ley, el simple hecho de ser socio ya te pinta como "pudiente", y eso basta para cerrarte la puerta al RESICO.

Ejemplo: Carlos es dueño del 50% de las acciones de una pequeña empresa de consultoría. Aunque podría prestar servicios de manera independiente y perfectamente encajar en el perfil de RESICO, el hecho de ser accionista de una persona moral le impide tributar en este régimen.

2. Residentes en el extranjero con establecimientos permanentes en México

Otra limitación importante recae en las personas físicas que, siendo residentes en el extranjero, cuentan con un establecimiento permanente en México.

¿Por qué esta restricción? En teoría, el RESICO fue diseñado para beneficiar a personas físicas residentes en México que realizan actividades e ingresan recursos dentro del país. En esa lógica, cuando un residente en el extranjero establece una operación fija en México, se le asocia automáticamente con una actividad empresarial de mayor escala y se le niega el acceso al RESICO, exigiéndole tributar bajo esquemas fiscales más rigurosos.

No obstante, en nuestra opinión, **esta prohibición resulta incongruente e injustificada.** Tener un establecimiento permanente no necesariamente significa contar con altos ingresos o una operación compleja. En muchos casos, se trata de pequeños negocios —cafeterías, despachos de consultoría, talleres— que fácilmente podrían encuadrar en la naturaleza que busca beneficiar el RESICO.

Además, esta limitación presenta **destellos de inconstitucionalidad**, ya que introduce una diferenciación basada exclusivamente en el estatus de residencia, vulnerando los principios de igualdad tributaria y de proporcionalidad previstos en la Constitución. Se olvida evaluar la verdadera capacidad contributiva del individuo, aplicando en cambio una prohibición generalizada e indiscriminada.

Aunado a lo anterior, el legislador pierde de vista un aspecto fundamental: en lugar de incentivar que los residentes en el extranjero regularicen su situación fiscal en México y contribuyan aquí, con medidas de inclusión razonable como permitirles el acceso al RESICO, se generan incentivos perversos. En la práctica, muchos residentes extranjeros podrían optar por no establecer formalmente su negocio en México o, peor aún, simplemente asesorarse con su contador o preparador de impuestos en su país de residencia —por ejemplo, en Estados Unidos— y tributar todo ante el famoso "Tío Sam" (IRS), dejando a México sin participación en la recaudación de impuestos que legítimamente le corresponderían.

Ejemplo: Julia, residente en Estados Unidos, opera un pequeño restaurante en México bajo su nombre personal. Aunque su negocio es de baja escala y totalmente compatible con el espíritu del RESICO, el solo hecho de ser residente extranjera con establecimiento permanente le impide tributar bajo dicho régimen. Esta situación la hace considerar seriamente si seguir operando en México o simplemente declarar todo en Estados Unidos, perdiendo México ingresos fiscales y desincentivando inversiones pequeñas que, paradójicamente, son las que el propio país debería querer atraer y regularizar.

3. Personas con ingresos sujetos a regímenes fiscales preferentes (REFIPRES)

Los contribuyentes cuyos ingresos provienen de regímenes fiscales preferentes (aquellos que tributan con tasas mínimas en el extranjero) también están excluidos del RESICO.

¿Por qué esta restricción? Con toda seguridad, el legislador consideró que los REFIPRES pueden generar distorsiones fiscales, ya que permiten a ciertos contribuyentes tributar con tasas muy bajas fuera de México. Si estos ingresos fueran admitidos en el RESICO, podría darse una doble ventaja fiscal injusta.

Ejemplo: Pedro recibe dividendos de una empresa en un país con baja tributación. Debido a que estos ingresos se consideran sujetos a un REFIPRE, no puede tributar en el RESICO.

4. Personas que perciben ingresos asimilados a salarios

Este es uno de los puntos más importantes y que nos parece, vulnera de una manera flagrante e injustificada tus derechos como contribuyente, ya que el artículo 113-E hace referencia expresa a las fracciones III, IV, V y VI del artículo 94 de la Ley del ISR que son los famosos **ingresos asimilados a salarios.**

Pero a estas alturas, tal vez te estás preguntando: **¿Qué son los Ingresos Asimilados a Salarios y en qué se diferencian de los Sueldos y Salarios?**

En el sistema fiscal mexicano, los ingresos asimilados a salarios son un tipo especial de ingreso que se equipara al régimen de sueldos y salarios para efectos del cálculo y retención del Impuesto sobre la Renta (ISR), aunque en realidad no se trata de una relación laboral tradicional.

¿Qué significa "asimilado a salario"?

Significa que, aunque la persona que recibe el ingreso no es un empleado en sentido estricto, el SAT permite que se le retenga y calcule el ISR como si lo fuera, facilitando así el cumplimiento fiscal tanto para quien paga como para quien recibe el ingreso.

¿Quiénes pueden recibir ingresos asimilados a salarios?

Como ya lo mencionamos, dentro del artículo 94 de la Ley del ISR, los encontramos regulados y algunos ejemplos comunes de personas que pueden tributar bajo este esquema son:

- Socios y accionistas que trabajan en la empresa y reciben pagos por sus funciones.
- Miembros de consejos directivos o de administración.
- Prestadores de servicios profesionales independientes, si así lo acuerdan con el contratante.
- Funcionarios y representantes legales de personas morales.

Ventajas del régimen asimilado:

- Es más sencillo para el contribuyente: no requiere inscripción en el régimen de actividad empresarial ni llevar contabilidad.
- Para quien paga, es más práctico: solo retiene ISR y emite CFDI de nómina, sin obligaciones patronales de seguridad social.
- Ideal para actividades ocasionales o colaboraciones profesionales sin crear una relación laboral formal.

⚠️ **Advertencia fiscal:** Aunque este régimen facilita las cosas, no debe usarse para disfrazar relaciones laborales reales, ya que el SAT y otras autoridades pueden reclasificar los ingresos si detectan simulaciones y determinar no solo impuestos omitidos, sino también multas cuantiosas.

Volviendo al tema de la limitante de que este régimen de asimilado tribute dentro del RESICO, analicemos cada caso:

a) Honorarios a miembros de consejos, administradores, comisarios y gerentes generales (fracción III)

Los miembros de consejos directivos, consultivos o de vigilancia, así como administradores y gerentes generales, reciben ingresos asimilados a salarios, lo que los excluye del RESICO.

Ejemplo: María es administradora de una empresa y recibe honorarios por su cargo. Como su ingreso se considera asimilado a salario, no puede tributar en el RESICO.

b) Honorarios a personas que prestan servicios preponderantemente a un solo prestatario (fracción IV)

Si una persona recibe más del 50% de sus ingresos de un solo cliente y presta sus servicios en las instalaciones de dicho cliente, sus ingresos se consideran asimilados a salarios.

Ejemplo: Roberto es consultor y su principal cliente representa el 80% de sus ingresos. Además, trabaja en la oficina de ese cliente. Por esta razón, sus ingresos se asimilan a salarios y no puede tributar en el RESICO.

c) Honorarios pagados por personas morales o empresarios individuales (fracción V)

Cuando una persona física recibe honorarios de una persona moral o de un empresario individual (persona física que tributa bajo el régimen de actividades empresariales y profesionales) y opta por tributar en el régimen de asimilados a salarios, queda fuera del RESICO.

Ejemplo: Luis es abogado y presta servicios a una empresa. Como optó por que sus honorarios sean considerados asimilados a salarios, no puede tributar en el RESICO.

d) Ingresos por actividades empresariales pagados por personas morales o empresarios individuales (fracción VI)

Si una persona física recibe ingresos por sus actividades empresariales (recuerda que ya las analizamos en el capítulo 2) de una persona moral o de un empresario individual y opta por pagar impuestos en el régimen de asimilados, también queda fuera del RESICO.

Ejemplo: Ana es diseñadora y presta servicios a varias empresas. Optó por que sus ingresos sean considerados asimilados a salarios. Por ello, no puede tributar en el RESICO.

Análisis Crítico de estas Restricciones

Si bien la finalidad de estas restricciones es evitar la elusión fiscal y asegurar que el RESICO se utilice para lo que fue diseñado, en la práctica muchas de estas prohibiciones carecen de una justificación legal razonable.

El legislador parece asumir que quienes se encuentran en estos supuestos obtienen ingresos significativos o tienen mecanismos para reducir su carga fiscal. Sin embargo, en muchos casos, estas personas pueden percibir ingresos bajos e incluso menores a los de contribuyentes que sí pueden acogerse al RESICO.

Por ejemplo, un administrador de una pequeña empresa que recibe honorarios simbólicos o un diseñador que trabaja casi de manera exclusiva para un solo cliente podrían verse injustamente impedidos de tributar en el RESICO, a pesar de que su situación económica lo ameritaría.

Además, algunas de estas restricciones parecen ser excesivamente generales, pues no consideran la verdadera naturaleza de los ingresos de los contribuyentes. No todo socio o accionista tiene una posición privilegiada ni percibe ingresos significativos. Tampoco todo profesionista que trabaja para un solo cliente tiene un nivel de ingresos equiparable al de un asalariado de alto rango.

En conclusión, estas restricciones podrían beneficiarse de una revisión más detallada, considerando la realidad económica de los contribuyentes y permitiendo excepciones para aquellos cuyos ingresos no sean elevados. Se debería analizar cada caso en particular y evitar un criterio tan amplio que termine afectando injustamente a pequeños contribuyentes que realmente necesitan un régimen simplificado.

Si tienes dudas sobre tu situación fiscal, es recomendable consultar a un experto en materia de impuestos para evitar errores que puedan traer consecuencias fiscales no deseadas.

CAPÍTULO 8
SOCIOS O ACCIONISTAS EN RESICO: UN ANÁLISIS A FONDO DE LA PROHIBICIÓN PARA TRIBUTAR EN ESTE RÉGIMEN

El Régimen Simplificado de Confianza (RESICO) nació como una herramienta para que las personas físicas con ingresos modestos y poca capacidad administrativa puedan cumplir fácilmente con sus obligaciones fiscales.

Sin embargo, hay una limitante que ha generado polémica y que, incluso, podría ser inconstitucional: las personas físicas que sean **socias, accionistas o integrantes de una persona moral** no pueden tributar en RESICO, según lo indica el artículo 113-E de la Ley del ISR, en su octavo párrafo, fracción I como ya referimos en el capítulo anterior.

¿Y qué tiene eso de malo? Vamos por partes. ¿Qué dice la ley?

La fracción I del octavo párrafo del artículo 113-E establece que no pueden tributar en el RESICO las personas físicas que sean integrantes de personas morales, **sin importar si reciben o no ingresos por esa participación.**

Ejemplo: Roberto es contador independiente y da asesorías a pequeñas empresas. Además, pertenece como socio fundador de una sociedad civil que promueve la educación financiera. Nunca ha recibido ni un peso de esta sociedad pues la idea de negocios se vio truncada por problemas que surgieron entre socios.

Aun así, no puede tributar en RESICO, solo por aparecer como integrante en el acta constitutiva de esa persona moral.

¿Por qué podría ser inconstitucional?

1. Se violenta el principio de equidad tributaria: La equidad en materia fiscal implica que personas en situaciones similares deben recibir el mismo trato. La limitante impuesta por el artículo 113-E no toma en cuenta si el contribuyente recibe o no ingresos por su participación en una persona moral. Simplemente por ser socio, queda fuera del RESICO.

Ejemplo comparativo: Mariana es diseñadora gráfica freelance, no pertenece a ninguna sociedad: puede tributar en RESICO.

Fernanda también es diseñadora, en idéntica situación, pero figura como integrante de una sociedad civil que nunca ha tenido operaciones, por ende, ninguna utilidad. No tributa en RESICO.

¿Por qué una sí y la otra no, si ambas ganan lo mismo y tienen la misma actividad?

2. ¿Se restringe el derecho a la libre asociación?

De acuerdo con la Constitución, todos los mexicanos tenemos derecho a asociarnos libremente para **fines lícitos**.

Pero si formar parte de una asociación civil, sindicato, cooperativa o comunidad agraria te impide tributar en un régimen fiscal favorable, se vuelve una penalización indirecta al ejercicio de ese derecho.

¿Qué dicen algunos legisladores?

La discusión ha llegado al Congreso de la Unión. Algunas voces ya han señalado que esta restricción es contraria a los fines originales del RESICO.

Una propuesta legislativa menciona: *"La restricción establecida en la fracción I del octavo párrafo del artículo 113-E para que las personas físicas que sean integrantes de personas morales no puedan tributar en el régimen simplificado de confianza es contradictoria a uno de los objetivos que persigue este nuevo régimen, y es hacerlo accesible a quienes tienen menor capacidad administrativa y de gestión."*

Además, se alerta sobre casos concretos donde la regla parece absurda:

- Un profesionista que participa en una asociación civil académica.
- Un trabajador sindicalizado que tiene un pequeño local en renta.
- Un voluntario en una asociación altruista sin fines económicos.
- Un ejidatario que ni siquiera realiza actividades económicas, pero figura como integrante del ejido.

En todos estos casos, el simple hecho de estar formalmente ligado a una persona moral, aunque sea de forma pasiva, los excluye del RESICO.

¿Qué dice el Código Civil?

Para entender el alcance de esta limitante, hay que considerar qué se entiende por "persona moral".

El Artículo 25 del Código Civil Federal enumera qué entidades tienen esa personalidad:

1. La Nación, estados y municipios.
2. Corporaciones públicas reconocidas por la ley.
3. Sociedades civiles o mercantiles.

4. Sindicatos y asociaciones profesionales.
5. Sociedades cooperativas y mutualistas.
6. Asociaciones con fines políticos, científicos, artísticos o de recreo.
7. Personas morales extranjeras de carácter privado.

Entonces, si perteneces a cualquiera de estas figuras, aunque no percibas ingresos, podrías estar impedido para tributar en RESICO. Esto impacta a miles de ciudadanos, incluso aquellos más vulnerables, como los ejidatarios y comuneros, cuya integración al ejido es un derecho agrario básico, no una actividad empresarial.

Una excepción con límites: lo que dice la Regla 3.13.9 de la Resolución Miscelánea Fiscal

En un intento por moderar los efectos de la restricción legal que impide a los socios o accionistas de personas morales tributar dentro del Régimen Simplificado de Confianza (RESICO), el gobierno federal introdujo una regla de excepción en la Resolución Miscelánea Fiscal. Se trata de la **Regla 3.13.9**, que, si bien no resuelve de fondo el problema, abre una pequeña ventana para que ciertos contribuyentes que tienen la calidad de socios o accionistas puedan acceder a este régimen.

¿Qué permite esta regla?

La autoridad fiscal reconoce que no todos los socios o accionistas deberían ser excluidos de manera automática del RESICO. Por ello, permite que algunas personas físicas, a pesar de ser parte de una persona moral, sí puedan tributar en el régimen simplificado, siempre que se encuentren en uno de los siguientes casos:

1. **Integrantes de personas morales sin fines de lucro**, como asociaciones civiles o instituciones religiosas (que tributan bajo el Título III de la Ley del ISR), **siempre y cuando no reciban beneficios económicos por su participación**, como remanentes distribuibles.
2. **Socios o integrantes de fondos o cajas de ahorro, así como de sociedades cooperativas de ahorro y préstamo**, conforme al artículo 79, fracción XIII de la Ley del ISR. En este caso, **sí pueden recibir intereses**, y aun así mantenerse en RESICO.
3. **Socios de sociedades cooperativas de producción** integradas únicamente por personas físicas que se dedican a actividades primarias (agrícolas, ganaderas, silvícolas o pesqueras), siempre que la cooperativa **no haya utilizado una exención fiscal** específica prevista en la ley.
4. **Socios o accionistas de uniones de crédito** que se dediquen exclusivamente a actividades primarias, **siempre que no reciban ingresos provenientes de esas uniones de crédito.**

¿Qué deben hacer quienes quieran acogerse a esta excepción?

La regla que recién mencionamos establece que las personas físicas que se encuentren en alguno de estos supuestos y deseen tributar en RESICO, deben **realizar un trámite de aclaración ante el SAT**, donde manifiesten, bajo protesta de decir verdad, que cumplen con los requisitos establecidos en la regla. También deben presentar documentación que acredite su calidad de socio o integrante y explicar cuál es el caso específico que les aplica.

Además, la autoridad aclara que la sola existencia de vínculos familiares (por ejemplo, ser cónyuge o pariente de alguien que pertenece a una persona moral) no implica una relación de "vinculación" fiscal, siempre que no exista una relación comercial o de negocios que genere beneficios económicos.

¿Es esto suficiente?

Si bien la Regla 3.13.9 representa un avance parcial, lo cierto es que sigue dejando fuera a muchas personas físicas cuya única "falta" es pertenecer a una persona moral, aunque no obtengan ningún ingreso ni beneficio económico de ello.

Desde una perspectiva jurídica y de derechos humanos, estas exclusiones siguen siendo problemáticas. La norma reglamentaria suaviza el impacto de la ley, pero **no resuelve la contradicción de fondo:** una persona física que es socia o accionista de una persona moral sin recibir ingresos o bien, que estos sean en cantidad mínima, sigue estando en desventaja fiscal frente a otra que no participa en ninguna persona moral, aunque ambas estén en igualdad de condiciones económicas.

En suma, la Regla 3.13.9 reconoce la necesidad de matizar la ley, pero evidencia también que el marco normativo vigente requiere una reforma más profunda, que respete los principios de equidad, proporcionalidad y libertad de asociación que rigen en un Estado de derecho.

Un caso emblemático ¿Qué pasa si alguien fue socio o accionista, pero ya no lo es al momento de solicitar su ingreso al RESICO? ¿También queda excluido?

Aquí es donde entra un caso muy interesante impulsado por la PRODECON (Procuraduría de la Defensa del Contribuyente), que puede servir de ejemplo para muchas personas en situaciones similares.

Criterio Jurisdiccional 97/2022 Aprobado en la 9ª Sesión Ordinaria del 28 de octubre de 2022. Título: "**RESICO. Es incorrecta la interpretación y aplicación de la disposición que regula el acceso a dicho régimen cuando la autoridad fiscal considera que si las personas contribuyentes en el pasado "han tenido" la calidad de socios o accionistas de personas morales ya no pueden acceder al mismo, toda vez que la limitante sólo se actualiza respecto de las personas contribuyentes que "sean" —en la actualidad— socios o accionistas de personas morales.**"

El caso en pocas palabras: Una persona contribuyente quiso inscribirse al RESICO. Lo solicitó mediante un caso de aclaración ante el SAT, pero la autoridad, sin decirlo de forma directa, **le negó la inscripción**, argumentando que había sido socia o accionista de una empresa. El SAT se basó en la Regla 3.13.10. de la Resolución Miscelánea Fiscal (RMF) 2022, que en su momento reiteraba la negativa a estar en el RESICO a quienes sean socios de personas morales, incluso de cooperativas.

Pero la clave del asunto estaba en el **tiempo verbal:** esta persona ya no era socia. Había cedido sus acciones, revocado sus poderes y existía una constancia notarial que lo demostraba. Incluso la empresa en la que fue socia había notificado al SAT la actualización de sus socios, y el SAT había aceptado esa actualización. Entonces, **¿por qué negarle el acceso?**

¿Qué hizo la PRODECON?

La Procuraduría tomó el caso y promovió un juicio contencioso administrativo. Su argumento fue claro: la ley dice **"sean"**, no **"hayan sido"**. Es decir, la restricción solo aplica si al momento de solicitar el RESICO la persona todavía es socia, no si lo fue en el pasado.

Aplicar esta restricción de forma retroactiva no solo es incorrecto, sino que viola el principio de legalidad tributaria, que establece que las normas fiscales deben interpretarse de forma estricta.

¿Qué resolvió el tribunal?

El órgano jurisdiccional le dio la razón a PRODECON y al contribuyente. Consideró que el SAT interpretó mal la norma, ya que no se puede impedir el acceso al RESICO a quien ya no es socio o accionista. Además, señaló que usar un argumento basado en hechos pasados contradice el texto literal del artículo 113-E, fracción I de la Ley del ISR, y de la propia regla de la RMF.

¿Qué se logró?

Se declaró la nulidad de la negativa del SAT, y se le ordenó resolver de nuevo la petición, sin tomar como argumento de rechazo el hecho de que la persona hubiera sido socia en el pasado. Es decir, si ya no lo es al momento de hacer el trámite, sí puede ingresar al RESICO.

Este caso demuestra que, cuando el SAT realiza interpretaciones excesivas o aplica la ley más allá de lo que literalmente establece, los contribuyentes no deben resignarse. A veces, es necesario llegar hasta los tribunales para defender lo que por derecho corresponde. El marco legal existe para dar certeza y seguridad jurídica, y ninguna autoridad puede ir más allá de lo que la ley permite. Acudir a instancias como PRODECON o al juicio contencioso administrativo no solo es válido, sino en ocasiones indispensable para frenar abusos y proteger los derechos fiscales de las personas.

CAPÍTULO 9
DIVIDENDOS E INVERSIONES: LA EXCLUSIÓN INJUSTIFICADA DEL RESICO

Si estás considerando invertir en instrumentos que pagan dividendos o rendimientos periódicos, como FIBRAs, CERPI's, o acciones que cotizan en bolsa, entre otros, hay algo que necesitas saber desde el inicio: **podrías quedar fuera del Régimen Simplificado de Confianza (RESICO), a pesar de que tu actividad no tenga nada que ver con ser socio o accionista de una empresa**. Así es, aunque solo seas un inversionista eventual, el sistema del SAT podría impedirte tributar en este régimen preferencial si detecta que tienes ingresos por dividendos.

Este capítulo aborda una de las restricciones más controversiales y debatidas dentro del RESICO: **la exclusión de personas físicas que perciben ingresos por dividendos.** Lo analizaremos desde la base legal, pero también desde el sentido común y la justicia tributaria. Porque si el objetivo del RESICO es simplificar y beneficiar al pequeño contribuyente, ¿por qué castigar a quien busca hacer crecer su patrimonio mediante inversiones totalmente legales?

La norma: el artículo 113-E de la Ley del ISR

El artículo 113-E establece claramente que las personas físicas que realicen actividades empresariales, profesionales o arrendamiento pueden optar por tributar en el RESICO, siempre que no excedan de $3,500,000.00 en ingresos anuales. Sin embargo, en su antepenúltimo párrafo, fracción I, introduce una restricción:

"No podrán aplicar lo previsto en esta Sección las personas físicas [...] en los supuestos siguientes: I. Sean socios, accionistas o integrantes de personas morales..."

Este texto ha sido interpretado por el SAT como una prohibición para que los contribuyentes con ingresos por dividendos puedan tributar en el RESICO, aunque tales ingresos no provengan de ser socios activos o participantes en la dirección de empresas.

¿Pero todos los que reciben dividendos son socios o accionistas?

No necesariamente. Hoy en día existen muchas formas de invertir en instrumentos que generan dividendos sin que eso implique ser un socio formal. Por ejemplo:

- FIBRAs (Fideicomisos de Inversión en Bienes Raíces)
- CERPI's (Certificados Bursátiles Fiduciarios de Proyectos de Inversión)
- Acciones de empresas listadas en la BMV o BIVA
- Fondos distribuidos por casas de bolsa como GBM o Kuspit

En estos casos, el inversionista no aparece en ninguna acta de asamblea, no posee títulos accionarios formales con derechos corporativos, no tiene derecho a voz ni voto, ni responsabilidad patrimonial respecto de la entidad emisora. ¡Ni siquiera es considerado un "integrante" bajo el sentido estricto del término!

La contradicción: intereses sí, dividendos no

Llama poderosamente la atención que el SAT sí permita que una persona del RESICO tenga también ingresos por sueldos y salarios, e incluso por intereses. Entonces, ¿por qué prohibir los dividendos? No existe una justificación técnica clara, más allá de una interpretación extensiva de la norma, que no distingue entre el socio formal y el inversionista eventual.

Esta situación podría incluso contravenir el principio de equidad tributaria. Dos personas que reciben el mismo tipo de ingresos, pero con distintas etiquetas, podrían tener un trato fiscal desigual sin una razón objetiva que lo justifique.

Efectos prácticos: bloqueos al momento del alta

La primera señal de conflicto surge cuando intentas darte de alta en el SAT bajo el RESICO y el sistema detecta que estás dado de alta en el régimen de dividendos. El resultado: **bloqueo inmediato**.

Lo mismo ocurre en sentido inverso: si ya estás en el RESICO y luego deseas registrar el régimen de dividendos (para cumplir correctamente con tus obligaciones), el sistema podría sacarte automáticamente del RESICO, con las consecuencias fiscales que eso implica.

Un enfoque razonable: ¿Eres inversionista o socio? Una diferencia clave si tributas en el Régimen de Confianza (RESICO)

Uno de los puntos que más dudas genera entre quienes tributan en el Régimen Simplificado de Confianza (mejor conocido como RESICO) es la prohibición de formar parte de personas morales como socios o accionistas. Y es que, si bien la ley es clara en cuanto a esta limitación, no siempre es sencillo saber si ciertas inversiones que uno hace —como comprar acciones o participar en fideicomisos— te convierten en "socio", "accionista"... o simplemente en inversionista. Veamos cuál es la diferencia.

¿Qué es un socio o accionista?

Desde una perspectiva legal y fiscal, ser socio o accionista implica tener una participación directa en una empresa. En palabras simples: **eres dueño de una parte de la compañía**. Esto te da ciertos derechos, como **votar en las asambleas**, recibir dividendos, y, en algunos casos, **participar en decisiones clave del negocio**.

El SAT basado en lo que establecen las leyes, por ejemplo, define a los socios como las personas que aportan dinero o bienes para formar una sociedad, y a los accionistas como quienes poseen una o más acciones de una empresa.

¿Y qué pasa con los inversionistas?

Por otro lado, un inversionista es quien destina su dinero a ciertos instrumentos financieros con la esperanza de obtener una ganancia. La clave está en que **no participa en la gestión o administración del negocio.** Solo invierte y espera rendimientos. Así lo señala la propia Procuraduría de la Defensa del Contribuyente (PRODECON) en algunas consultas que se le han planteado y lo confirma la doctrina económica.

¿Entonces cuándo soy inversionista y cuándo accionista?

La diferencia no siempre es tan evidente, así que veamos algunos ejemplos prácticos:

✅ **Inversionista:**

- GBM (Grupo Bursátil Mexicano): Si usas esta plataforma para invertir en ETFs, bonos o fondos de inversión, solo estás colocando tu dinero en instrumentos financieros. No participas en la toma de decisiones de ninguna empresa.
- FIBRAs: Son fideicomisos que invierten en bienes raíces. Al comprar sus certificados (CBFIs), recibes ingresos por las rentas generadas, pero no decides qué propiedades se compran o se rentan.
- CERPI's: Son certificados que financian proyectos grandes (infraestructura, energía, etc.). Tú inviertes y esperas rendimientos, pero no gestionas esos proyectos.

En estos casos, sigues siendo considerado inversionista.

⚠️ **Accionista (y por tanto excluido del RESICO):**

Acciones de empresas públicas en la BMV o BIVA: Aquí sí adquieres parte de la propiedad de una empresa. Aunque no tengas control total, ya tienes derechos de voto y podrías participar en decisiones corporativas. Esto te convierte en accionista, lo que puede excluirte del RESICO, pero… **hay que leer la letra pequeña.**

¿Y qué pasa con los dividendos?

La Suprema Corte ha dicho que los dividendos son un beneficio económico que reciben los socios o accionistas cuando la empresa reparte sus utilidades. En otras palabras, si estás recibiendo dividendos, es muy probable que tengas participación en una persona moral, lo cual podría sacarte del RESICO.

El detalle está en el contrato

Aquí viene la parte más importante: no basta con saber el nombre del producto financiero. Lo fundamental y decisivo es leer con cuidado los términos y condiciones del contrato de inversión.

¿Por qué? Porque algunos contratos pueden otorgarte derechos típicos de un socio o accionista, aunque tú no lo tengas tan claro.

¿Qué debes revisar?

- Si tienes derecho a votar en decisiones de la empresa o fideicomiso
- Si tu inversión te da una parte del capital social de una empresa o entidad
- Si tu ganancia se basa en "utilidades" que reparte la empresa entre sus socios
- Si tu nombre aparece en algún registro de socios o accionistas

- Si la respuesta a alguna de estas preguntas es sí, es probable que el SAT te considere socio o accionista.

En cambio, si solo estás:

- Recibiendo intereses o rendimientos fijos o variables,
- No tienes voz ni voto en la entidad,
- y tus rendimientos provienen de instrumentos financieros sin relación con el capital social de una empresa, entonces estarías actuando como inversionista puro, y podrías seguir en RESICO sin problema.

Comparativa: Socio vs. Accionista vs. Inversionista (para efectos del RESICO)

Criterio	Socio	Accionista	Inversionista
Participación en el capital	Aporta al capital de una persona moral	Posee acciones, es decir, fracciones del capital social	No participa en el capital; solo aporta dinero a un instrumento
Registro formal	Figura en el acta constitutiva o libro de socios	Figura en el libro de accionistas o ante el RUG/BMV	No figura como socio ni accionista
Derechos de voto	Sí, en asambleas sociales	Sí, dependiendo del tipo de acción	No tiene derecho de voto ni en decisiones
Rendimientos esperados	Parte proporcional de las utilidades	Dividendos según acciones que posee	Intereses o rendimientos financieros
Toma de decisiones	Puede participar directamente en decisiones	Puede votar si se lo permiten sus acciones	No participa en la administración ni en decisiones

Criterio	Socio	Accionista	Inversionista
Riesgo de exclusión del RESICO	**Sí**	**Sí**	**No (en la mayoría de los casos, pero depende del contrato)**
Ejemplos típicos	Socio de una empresa familiar, despacho o tienda registrada	Accionista de una S.A. o de empresa en la bolsa	Inversor en CETES, fondos de inversión, FIBRAs, crowdfunding

Una exclusión que merece revisarse

Este es un ejemplo claro de cómo una interpretación restrictiva y poco clara puede afectar negativamente a los contribuyentes cumplidos. Invertir en el mercado financiero no debería ser causa de exclusión del RESICO, sobre todo si la naturaleza de la inversión no implica ningún control o participación en las empresas emisoras.

Hasta que haya una definición más clara (o una modificación legal o administrativa), es importante que cualquier contribuyente con intención de invertir en instrumentos que generan dividendos, analice cuidadosamente las implicaciones fiscales para no perder los beneficios del RESICO por una incompatibilidad que, en muchos sentidos, parece injusta e inadecuada.

CAPÍTULO 10
TODO SOBRE EL MONTO LÍMITE PARA TRIBUTAR EN RESICO ¿CÓMO SE INTEGRA Y CALCULA?

¿Cuánto puedes ganar en RESICO? El límite, explicado sin enredos

El Régimen Simplificado de Confianza (RESICO) tiene una gran ventaja: ofrece tasas bajas de impuestos. Pero, como todo en la vida, tiene condiciones, y una de las más importantes es el **límite de ingresos** que puedes tener para permanecer en este régimen.

No se trata de que el SAT quiera ponerte un freno porque sí, sino de mantener este beneficio solo para personas físicas con ingresos moderados. **¿Y cuál es ese tope?** Hasta $3,500,000 de pesos anuales. Si te pasas, aunque sea por un peso, el SAT te dice: "Gracias por participar, pero ya no puedes estar en RESICO".

Ahora bien, **¿qué se incluye dentro de esos 3.5 millones?** Aquí es donde muchos se confunden. No es solo lo que facturas como actividad empresarial; también pueden contarse otros ingresos que recibas, y eso puede hacer que te salgas del RESICO sin darte cuenta.

En este capítulo te voy a explicar:

- Qué ingresos sí cuentan y cuáles no.
- Cómo se calcula ese límite.
- Qué pasa si lo rebasas.
- Y algunos consejos para no salirte del RESICO por accidente.

Spoiler: no necesitas ser contador para entenderlo.

Para poder optar por tributar en el Régimen Simplificado de Confianza (RESICO), la Ley del Impuesto sobre la Renta establece que la totalidad de los ingresos obtenidos en el ejercicio inmediato anterior no debe exceder de $3,500,000 de pesos. Es fundamental tener en cuenta que, para este cálculo, se consideran únicamente los ingresos brutos; es decir, **no se incluye el IVA y tampoco se aplican deducciones.** Esto significa que el límite se determina a partir del monto total de ingresos efectivamente cobrados, sin restar ningún gasto o impuesto.

¿Qué ingresos se consideran?

Como ya lo mencionamos en capítulos anteriores, la ley permite que tributen en el RESICO las personas físicas que realicen únicamente actividades empresariales, profesionales o de arrendamiento (otorgar el uso o goce temporal de bienes). Para efectos de este límite, en apariencia, se suman únicamente los ingresos derivados de estas actividades.

Sin embargo, la ley también hace referencia a otros ingresos contemplados en el Título IV de la Ley del ISR, en particular:

- **Capítulo I:** De los ingresos por salarios y, en general, por la prestación de un servicio personal subordinado. Esto se refiere a aquellos ingresos que provienen de empleos o actividades laborales bajo relación de dependencia.
- **Capítulo VI:** De los ingresos por intereses, es decir, los generados por inversiones a través de instituciones bancarias, aseguradoras o financieras.

De una primera lectura que hagamos a la ley, podemos concluir que cuando un contribuyente obtiene ingresos adicionales de estas fuentes, el total de los ingresos que se considerará para el límite de $3,500,000 será la suma de todos ellos, siempre que se trate de los ingresos relacionados con las actividades señaladas en el RESICO.

Ejemplos Prácticos. Caso Exclusivo RESICO:

- Si eres un consultor independiente que solo ofrece servicios profesionales y has obtenido $2,000,000 de pesos en el ejercicio anterior, puedes optar por el RESICO porque tus ingresos están dentro del límite.

Caso Mixto:

- Imagina que además de tus servicios profesionales, has obtenido $1,200,000 de pesos por arrendamiento de un inmueble.
- **La suma total** (2,000,000 + 1,200,000 = 3,200,000) sigue estando por debajo del límite, por lo que puedes tributar en el RESICO.

No obstante, si también recibieras ingresos por salarios o intereses (según lo estipulado en el Título IV, Capítulo I y Capítulo VI), esos montos se sumarían al total, y podrías superar el límite de $3,500,000, impidiéndote optar por el RESICO.

Ejemplo Práctico: Caso Mixto

Imagina a Sandra, quien es consultor independiente y tributa en el RESICO por sus servicios profesionales. Durante el ejercicio anterior, Sandra obtuvo:

- Servicios Profesionales (RESICO): $2,500,000
- Sueldos y Salarios: $800,000 (por un empleo adicional en una empresa)
- Ingresos por Intereses: $300,000 (por inversiones en el banco)

La suma total de sus ingresos sería:

- $2,500,000+$800,000+$300,000=$3,600,000

Aunque Sandra tenga ingresos en RESICO, al sumar también sus ingresos por sueldos y por intereses, el total ($3,600,000) supera el límite de $3,500,000. Esto implica que, al combinar todas las fuentes de ingreso relevantes, Sandra no podría optar por tributar en el RESICO con todas sus actividades.

Otra interrogante importante relacionada con el límite del RESICO: ¿Sólo debería aplicar a las actividades del RESICO, sin considerar los ingresos de otros regímenes?

Como ya mencionamos, el artículo 113-E de la ley del ISR establece quiénes y que actividades pueden tributar en RESICO. Además, se hace referencia a otros ingresos, como los provenientes de salarios y de intereses, que están sujetos a regímenes fiscales distintos. Esto plantea la interrogante: **¿Debe considerarse el límite de $3,500,000 para la suma de todos los ingresos, o únicamente para aquellos derivados de las actividades que constituyen el RESICO?**

Para ello, conviene analizar dos enfoques:

- **La interpretación literal**, que implicaría sumar todos los ingresos percibidos, sin importar su origen.
- **La interpretación favorable al contribuyente**, que buscaría limitar el tope exclusivamente a los ingresos originados en las actividades empresariales, profesionales y de arrendamiento propias del RESICO, dejando de lado aquellos que ya cuentan con tratamientos fiscales diferenciados.

Interpretación Literal: Una lectura estricta del artículo indicaría que se deben sumar todos los ingresos brutos percibidos en el ejercicio inmediato anterior, sin distinción. Esto implicaría que, si un contribuyente tiene ingresos por actividades empresariales (o profesionales o de arrendamiento) por un monto inferior al límite, pero además percibe salarios o intereses (aunque estos últimos tengan su propio régimen de determinación, con deducciones y tasas específicas), el total combinado se utiliza para verificar si se cumple o se excede el tope de $3,500,000.

Interpretación Favorable al Contribuyente: En cambio, desde una perspectiva pro-contribuyente y considerando la intención del legislador de simplificar el cumplimiento fiscal para pequeños contribuyentes, se puede argumentar que el límite de $3,500,000 debería circunscribirse exclusivamente a los ingresos derivados de las actividades que integran el RESICO (es decir, actividades empresariales, profesionales o de arrendamiento).

El razonamiento es el siguiente. Naturaleza Diferenciada de Otros Ingresos: Los ingresos por salarios y de intereses ya se encuentran sujetos a regímenes fiscales distintos, que contemplan deducciones, escalas y métodos de determinación particulares. Incluirlos en el cálculo del límite del RESICO podría desincentivar a los contribuyentes que, además de su actividad empresarial o profesional, perciben ingresos de otras fuentes que, por su propia naturaleza, no pretenden beneficiarse del régimen simplificado.

Finalidad del RESICO: El régimen fue diseñado para facilitar el cumplimiento fiscal de quienes tienen ingresos provenientes de actividades específicas y no para abarcar la totalidad de los ingresos que pueda percibir un contribuyente. De esta forma, la interpretación favorable sugeriría que, para determinar si se mantiene en RESICO, se debe considerar únicamente el monto de los ingresos brutos originados en las actividades empresariales, profesionales o de arrendamiento, excluyendo los ingresos que provengan de sueldos, salarios e intereses.

Equidad y Simplificación: Permitir que se cuente únicamente la fuente de ingresos que es objeto del RESICO resulta coherente con la intención de simplificar la carga administrativa de pequeños contribuyentes y evita que actividades con deducciones y tasas propias perjudiquen la opción por el régimen simplificado.

Regla 3.13.8 de la Resolución Miscelánea Fiscal: Refuerza todo lo que hemos dicho

Para reforzar lo anterior, es importante destacar que la **Regla 3.13.8** de la Resolución Miscelánea Fiscal respalda una interpretación favorable para el contribuyente en relación con la forma de calcular el límite de $3,500,000 para optar por tributar en el RESICO ¿Por qué decimos lo anterior?

Esta regla establece que aquellos contribuyentes que, además de ejercer actividades que ya mencionamos se contemplan dentro del RESICO, obtengan ingresos por salarios o intereses **deberán calcular de forma independiente el impuesto anual correspondiente a estos ingresos.** En otras palabras, el SAT exige que se determine por separado el impuesto de los ingresos que provengan de sueldos y de intereses.

Este planteamiento tiene dos implicaciones importantes. Separación de Ingresos: Al requerir que los ingresos provenientes de salarios e intereses se calculen por separado, la norma sugiere que estos montos no se integran al cálculo del límite de $3,500,000 para el RESICO.

Esto refuerza la interpretación favorable al contribuyente, ya que permite que el tope se aplique únicamente a los ingresos generados por las actividades empresariales, profesionales y de arrendamiento propias del RESICO, sin que se vea afectado por otros ingresos que tienen su propio tratamiento fiscal.

La disposición facilita el cumplimiento fiscal, ya que cada tipo de ingreso se trata con las reglas específicas de su régimen correspondiente. De esta manera, un contribuyente que percibe ingresos tanto por su actividad RESICO como por salarios o intereses, no se penaliza al sumar montos que, por su naturaleza, ya tienen su propia base de cálculo y deducciones. Esta separación evita que, al combinar todas las fuentes, se supere artificialmente el límite del RESICO, impidiendo que quienes se dedican principalmente a actividades simplificadas sean descalificados por tener ingresos adicionales con características fiscales distintas.

¿Qué hacer en caso de alguna observación o requerimiento por parte de la autoridad fiscal?

Dado que la norma presenta cierta ambigüedad, es recomendable que el contribuyente cuente con asesoría especializada en materia fiscal para interpretar y, en su caso, argumentar ante la autoridad fiscal la aplicación de una interpretación que limite el tope exclusivamente a los ingresos derivados de las actividades propias del RESICO. Esto contribuirá a que se aplique la disposición de manera coherente con el espíritu de la ley y en beneficio del contribuyente.

CAPÍTULO 11
¿$3.5 MILLONES BRUTOS O NETOS? DESCIFRANDO EL LÍMITE Y LAS EXCEPCIONES DEL RESICO

Es fundamental analizar con detenimiento cómo se debe calcular el límite de ingresos del RESICO, establecido en $3,500,000 de pesos, bajo el principio de que se consideran los ingresos brutos, sin incluir el IVA. Esto significa que tanto los ingresos provenientes de actividades empresariales, profesionales y de arrendamiento, como los obtenidos en regímenes de salarios (servicio personal subordinado) o de intereses, se deben sumar **sin contar el IVA**.

Ahora bien, la cuestión que surge es la siguiente: en ciertos regímenes, como el de sueldos y salarios o el de ingresos por intereses, la normativa fiscal sí contempla deducciones que reducen la base gravable para efectos del pago del impuesto. ¿Debe interpretarse que, para efectos de calcular el límite del RESICO, se descuenten dichas deducciones del total de ingresos?

Bajo el principio de **interpretación favorable al contribuyente**—uno de los pilares en la interpretación de las normas fiscales—se podría argumentar que, si las deducciones están permitidas en el régimen correspondiente, lo más justo es que se apliquen para determinar el monto neto que realmente se integra a los ingresos del contribuyente. Esta interpretación, además de ser razonable, se alinea con el espíritu de aliviar la carga fiscal para aquellos que cumplen con los requisitos del RESICO.

Ejemplo Práctico: El Caso de Ignacio

Imaginemos a Ignacio, quien obtiene ingresos de diversas fuentes y desea tributar en el RESICO. Ignacio tiene los siguientes ingresos en el ejercicio inmediato anterior:

- Ingresos por actividades RESICO (empresariales o profesionales): $2,200,000
- Ingresos por sueldos y salarios: $1,000,000
- Ingresos por intereses: $400,000

Según la ley, para determinar si Ignacio puede optar por el RESICO, se deben sumar estos ingresos en forma bruta, es decir, sin incluir el IVA y sin aplicar deducciones. En este sentido, el total sería:

- $2,200,000+$1,000,000+$400,000=$3,600,000

En este escenario, Ignacio rebasó por $100,000, el límite de $3,500,000; por lo tanto, no pude tributar en RESICO.

Ahora bien, consideremos lo siguiente: En los ingresos por sueldos y salarios e ingresos por intereses, la normativa permite aplicar ciertas deducciones que reducen la base gravable en esos regímenes.

Una interpretación favorable al contribuyente, de acuerdo con los principios de interpretación de las leyes fiscales, podría argumentar que estas deducciones deberían restarse para reflejar el ingreso neto real y, de esa manera, disminuir el total que se considera para el límite del RESICO.

Por ejemplo, si en el régimen de sueldos y salarios a Ignacio se le permiten deducir $100,000 y en el de intereses $30,000, el cálculo favorable sería:

- Sueldos y salarios (neto): $1,000,000 – $100,000 = $900,000
- Intereses (neto): $300,000 – $30,000 = $270,000
- Con esta interpretación, el total para efectos del límite sería:
- $2,200,000+$900,000+$270,000=$3,370,000.00

Este monto, $3,370,000, estaría por debajo del límite de $3,500,000, permitiendo a Ignacio optar por tributar en el RESICO.

Sin embargo, es importante señalar: La redacción literal de la norma indica que se debe considerar el total de ingresos sin deducciones, lo que genera cierta ambigüedad. Es decir, mientras que la ley excluye el IVA de este cálculo, no es claro si las deducciones permitidas en otros regímenes deben aplicarse para determinar el límite.

Como ya lo mencionamos, bajo el principio de interpretación favorable al contribuyente, se podría sostener que, para reflejar la realidad económica, las deducciones permitidas deberían descontarse del total de ingresos, de manera similar a cómo se calcula la base gravable en esos regímenes. Esto resultaría en un monto total menor y, por lo tanto, facilitaría el acceso al RESICO.

Consejo fiscal: Dado que la ley no es explícita al respecto, si la autoridad fiscal realiza alguna observación o discrepancia sobre este cálculo, es esencial consultar a un abogado fiscalista. La asesoría especializada permitirá argumentar la interpretación más justa y favorable para el contribuyente, en línea con los principios de equidad y de interpretación extensiva de las normas fiscales.

Este ejemplo ilustra la importancia de analizar de manera detallada cada fuente de ingreso y la aplicación de deducciones en el contexto del límite del RESICO, subrayando la necesidad de asesoramiento en situaciones en las que la ley no resulta completamente clara.

¿Y si apenas estoy iniciando mi negocio?

Si eres un emprendedor que está iniciando actividades, también puedes optar por el RESICO, siempre que estimes que tus ingresos del primer año no excederán el límite de tres millones quinientos mil pesos.

Un ejemplo práctico: Imagina que decides abrir una cafetería el 1° de julio y proyectas que en seis meses podrías generar $1,500,000 en ingresos. Para determinar si puedes tributar en el RESICO, debes hacer el cálculo anualizado de la siguiente forma:

Divides tus ingresos proyectados entre el número de días de operación:

- $1,500,000 ÷ 184 días (de julio a diciembre) = $8,152.17 por día.
- Multiplicas el resultado por 365 días para obtener el monto anualizado:
- $8,152.17 × 365 = $2,975,543.48

Dado que este monto es menor a $3,500,000, puedes tributar bajo el RESICO. Este tipo de cálculo es clave para quienes empiezan su negocio y desean aprovechar los beneficios del régimen sin exceder el límite de ingresos permitido.

CAPÍTULO 12
RESICO PARA EL SECTOR PRIMARIO: BENEFICIOS Y EXCEPCIONES

El Régimen Simplificado de Confianza (RESICO) también contempla un beneficio muy particular para aquellas personas físicas que se dedican exclusivamente a actividades agrícolas, ganaderas, silvícolas o pesqueras, es decir, a labores del campo y producción primaria. Este tratamiento preferencial es una forma en la que el legislador busca incentivar estas actividades esenciales para la economía del país... aunque —como veremos— también pone condiciones bastante específicas.

¿Cuál es el beneficio?

Si tú te dedicas de **manera exclusiva** a alguna (o varias) de estas actividades y tus ingresos cobrados en el año no exceden los $900,000 pesos, estás exento de pagar el Impuesto Sobre la Renta (ISR). Así como lo lees: **cero ISR**. Pero ojo, no es una carta blanca.

¿Qué sucede si te pasas del tope?

Si en el transcurso del año tus ingresos acumulados superan los $900,000 pesos, a partir del mes en que rebasas ese límite ya debes comenzar a pagar ISR, pero solo sobre el excedente. Es decir, el primer tramo sigue exento, pero todo lo que venga después entra al juego del RESICO con sus tasas correspondientes (de entre el 1% y el 2.5%).

¿Desde cuándo aplica el impuesto?

De acuerdo con la **Regla 3.13.11** de la Resolución Miscelánea Fiscal, el ISR se comienza a calcular a partir del mes en el que superas el umbral de los $900,000 pesos. En ese momento, ya no hay marcha atrás: desde ese mes en adelante, pagas sobre lo que cobres y exceda ese límite, con base en los CFDI efectivamente cobrados.

Ejemplo: Imagina que eres apicultora (productora de miel) y durante el año vas cobrando ingresos poco a poco. Llevas un control mensual y, en septiembre, tus ingresos acumulados ya suman $905,000 pesos. Ese mes cobraste $100,000.

¿Debes pagar ISR por los $100,000 completos? No. Solo pagarás por los $5,000 que excedieron el límite de $900,000, y lo harás bajo la mecánica del RESICO.

¿Y qué significa "exclusivamente"?

Aquí viene una de las partes más importantes. Para poder acceder a esta exención, **el 100% de tus ingresos** deben provenir de actividades agrícolas, ganaderas, silvícolas o pesqueras. Si también das clases, haces consultoría, vendes productos por internet o tienes cualquier otro tipo de ingreso, ya no puedes aplicar este beneficio y tendrás que tributar el total de tus ingresos conforme a las reglas normales del RESICO.

Ejemplos adicionales:

- **Pedro**, productor de aguacate en Michoacán, factura $800,000 al año únicamente por esa actividad. No paga ISR bajo RESICO.
- **Luisa**, que cría cerdos y además renta un pequeño local comercial, ya no se considera "exclusiva" para este tratamiento, aunque sus ingresos ganaderos estén por debajo del límite.
- **Tomás**, silvicultor que en diciembre alcanza los $910,000 acumulados, comienza a pagar ISR solo por los $10,000 excedentes, a partir de ese mes.

Un comentario adicional...

Aunque este beneficio es una buena intención del legislador para proteger a los pequeños productores del campo, en la práctica muchas veces queda corto. **¿Por qué?** Porque el límite de $900,000 pesos pueden ser insuficientes en actividades donde los insumos, transporte y otros costos son elevados. Además, el requisito de exclusividad no toma en cuenta la realidad económica de muchas personas que, para complementar su ingreso rural, también realizan otras labores.

Análisis Crítico: ¿Exclusividad o Excluyente?

La exención del ISR para personas físicas que se dedican exclusivamente a actividades agrícolas, ganaderas, silvícolas o pesqueras busca —en teoría— fomentar y proteger el desarrollo del sector primario. Sin embargo, al revisar con detenimiento el requisito de "exclusividad", surgen varias inquietudes razonables.

Primero, el problema no radica solo en el límite económico de $900,000 pesos anuales —que, como ya se señaló, puede ser insuficiente en muchas regiones donde los insumos, transporte, maquinaria o mano de obra representan gastos importantes—, sino en el criterio rígido de exclusividad absoluta. Es decir, si el contribuyente obtiene cualquier otro tipo de ingreso, **aunque sea marginal**, queda automáticamente excluido del beneficio.

Esto plantea una pregunta importante: **¿Está realmente justificado negar el beneficio fiscal a quien decide diversificar sus fuentes de ingreso para mejorar su calidad de vida?**

Supongamos que un productor agrícola recibe $850,000 anuales por su actividad y, además, decide invertir una parte de ese ingreso en instrumentos financieros que le generan intereses modestos, o que, durante la temporada baja, trabaja por honorarios o como empleado. **¿Significa eso que ya no se "dedica exclusivamente" al campo?**

Desde un punto de vista jurídico y fiscal, la norma es clara en la letra, pero no lo es en el espíritu. No contempla excepciones ni matices, lo cual puede derivar en un trato inequitativo hacia personas que justamente están **tratando de salir adelante mediante el trabajo, el ahorro o la inversión.** En lugar de premiar ese esfuerzo, el régimen los castiga excluyéndolos del beneficio fiscal.

Esto resulta contradictorio con los **principios de progresividad y equidad tributaria**, ya que limita el desarrollo de quienes más apoyo necesitan. Además, va en contra de los objetivos sociales que supuestamente motivaron esta exención: fortalecer al campo mexicano y a sus productores, no atarlos a una única fuente de ingreso para mantener su exención.

Si se quiere realmente apoyar al sector primario, es necesario replantear este criterio de exclusividad, quizá permitiendo ingresos adicionales siempre que los ingresos por actividades del campo sigan siendo preponderantes, o al menos estableciendo una proporción razonable. De lo contrario, se corre el riesgo de que este beneficio termine beneficiando a menos personas de las que se pretendía proteger.

¿Y las declaraciones? La facilidad RESICO que puede simplificar tu vida fiscal

Como ya lo hemos venido mencionando, dentro del RESICO, existen facilidades que, bien entendidas, pueden simplificar de manera muy importante el cumplimiento fiscal. Una de las más relevantes, es la que te podría aplicar a ti que te dedicas de manera exclusiva a actividades del sector primario: agrícolas, ganaderas, silvícolas o pesqueras.

La **Regla 3.13.10** de la Resolución Miscelánea Fiscal establece una facilidad especialmente favorable para este tipo de contribuyentes. En términos sencillos, permite que **no presenten declaraciones mensuales ni la declaración anual**, siempre que cumplan ciertos requisitos.

¿En qué consiste esta facilidad?

De acuerdo con la regla citada, las personas físicas que:

- Se dediquen exclusivamente a actividades agrícolas, ganaderas, silvícolas o pesqueras, y
- Obtengan ingresos exentos hasta por $900,000.00 anuales,

Pueden optar por no presentar:

- Las declaraciones mensuales de ISR, y
- La declaración anual

Pero ojo, aquí está la clave y requisito fundamental: siempre y cuando emitas los CFDI correspondientes por las actividades que realizas, conforme a lo dispuesto en los artículos 29 y 29-A del Código Fiscal de la Federación.

Es decir, la autoridad fiscal reconoce que, tratándose de este sector, el cumplimiento puede simplificarse al máximo: **facturar correcta y oportunamente es suficiente para quedar al corriente**, sin necesidad de presentar declaraciones periódicas.

Un ejemplo práctico

Imagina a Ramiro, un pequeño productor agrícola que se dedica exclusivamente al cultivo de maíz. Durante el año obtiene ingresos por $750,000 pesos, todos derivados de su actividad agrícola y debidamente facturados.

En este escenario:

- Ramiro tributa en RESICO.
- Sus ingresos no superan el límite de $900,000 pesos.
- Emite sus CFDI correctamente.

Resultado: Ramiro no está obligado a presentar declaraciones mensuales ni la declaración anual, gracias a la facilidad prevista en la Regla 3.13.10.

¿Qué pasa si se rebasa el límite?

La facilidad no es absoluta. Como ya lo mencionamos, si en algún mes los ingresos acumulados del contribuyente exceden los $900,000 pesos, la situación cambia.

En ese caso, el contribuyente deberá:

Comenzar a presentar las declaraciones mensuales a partir del mes en que se rebase dicho monto, conforme a lo previsto en la Regla 3.13.11. Es importante subrayar que la obligación nace a partir del mes en que se excede el límite, no de manera retroactiva. Sin embargo, a partir de ese momento, el cumplimiento vuelve a ser el ordinario dentro del RESICO.

La clave: facturar correctamente

Esta facilidad no elimina la fiscalización ni el control por parte del SAT. Simplemente cambia la forma en que se cumple. La emisión correcta y oportuna de CFDI se convierte en el eje central del cumplimiento fiscal.

Por eso, incluso cuando existe una exención para presentar declaraciones, no debe confundirse con una ausencia de obligaciones. En materia fiscal, no presentar declaraciones no significa no cumplir, siempre que se respeten los requisitos establecidos por la autoridad.

Entonces ya lo sabes, dentro del RESICO para el sector primario: "*Facturas bien hechas, declaraciones de menos.*"

CAPÍTULO 13
LA TASA QUE ENAMORA A TODOS LOS CONTRIBUYENTES: ¿CÓMO SE CALCULA EL IMPUESTO EN EL RESICO?

La cereza del pastel: una tasa imbatible

Si el Régimen Simplificado de Confianza (RESICO) fuera una oferta de supermercado, estaría en la sección de "imperdibles". Su mayor atractivo es, sin duda, la facilidad con la que se calcula el impuesto. Atrás quedaron los días de complicados cálculos de deducciones y gastos. Aquí, la regla de oro es sencilla: solo pagas un pequeño porcentaje de lo que efectivamente cobras.

Uno de los grandes atractivos del Régimen Simplificado de Confianza (RESICO) —y probablemente la razón por la que muchas personas quieren entrar en él— son sus tasas de impuesto realmente bajas. Imagina pagar solo entre el **1% y el 2.5% sobre tus ingresos cobrados**, sin necesidad de hacer malabares contables, ni de llevar un control obsesivo de gastos y deducciones. Así de directo.

En un país donde las tasas del ISR pueden alcanzar hasta el 35%, el RESICO es una especie de "zona de paz" fiscal para contribuyentes cumplidos que generan ingresos relativamente bajos o moderados. Es un incentivo del gobierno para quienes sí pagan, lo hacen bien y no complican al SAT.

Pero —porque siempre hay un "pero"— esa tasa preferencial no viene gratis. **El costo es renunciar a las deducciones.**

Sí, en RESICO no puedes restar gastos como gasolina, viáticos, rentas, servicios o insumos. Aquí el trato es claro: "Te doy una tasa pequeña, pero calculada directamente sobre lo que cobras. Ni más, ni menos. Sin deducibles."

En otras palabras, no puedes tener ambos beneficios. O eliges una tasa baja sin deducciones, o te vas a un régimen general, donde puedes deducir, pero con tasas mucho más altas y reglas más complejas.

Esta renuncia es el "sacrificio" que haces a cambio de la simplicidad. Para muchos vale por completo la pena, especialmente si no tienen grandes gastos deducibles o no quieren contratar a un contador de tiempo completo.

El cálculo mensual, paso a paso (artículo 113-E de la LISR explicado)

Determinar el impuesto en el RESICO es tan fácil como seguir una receta de cocina con pocos ingredientes. Lo único que necesitas es conocer el total de ingresos que efectivamente cobraste en el mes, sin incluir el IVA. Luego, simplemente aplicas la tasa correspondiente según la siguiente tabla:

TABLA MENSUAL

Ingresos mensuales (sin IVA)	Tasa aplicable
Hasta $25,000.00	1.00%
Hasta $50,000.00	1.10%
Hasta $83,333.33	1.50%
Hasta $208,333.33	2.00%
Hasta $3,500,000.00	2.50%

Ahora, veamos algunos ejemplos para entenderlo mejor.

Ejemplos prácticos

Caso 1: Pequeño emprendedor

Lucía es una diseñadora gráfica independiente. En el mes de enero, emitió facturas por un total de **$20,000.00** (sin incluir IVA). Como su ingreso está en el primer rango de la tabla, la tasa aplicable es del 1%.

- Cálculo: $20,000.00 x 1% = $200.00 de ISR a pagar.

Caso 2: Un negocio en crecimiento

Carlos tiene una tienda en línea y en febrero logró vender **$75,000.00** en productos (sin IVA). Su tasa de RESICO corresponde al 1.5%.

- Cálculo: $75,000.00 x 1.5% = $1,125.00 de ISR a pagar.

Caso 3: Un profesional exitoso

María es médico y en marzo facturó **$200,000.00** en consultas y procedimientos (sin IVA). Su tasa aplicable es del 2%.

- Cálculo: $200,000.00 x 2% = $4,000.00 de ISR a pagar.

Como ves, el cálculo del impuesto en el RESICO es fácil, rápido y predecible. No hay deducciones complicadas ni cálculos confusos. Solo necesitas sumar tus ingresos cobrados en el mes y aplicar la tasa correspondiente.

Si estás buscando un régimen fiscal que te simplifique la vida, el RESICO es como esa relación ideal: transparente, sin sorpresas desagradables y con grandes beneficios. ¡Así de sencillo!

¿Debo presentar declaración anual si estoy en el RESICO?

La respuesta rápida: Sí… aunque hay una facilidad que veremos más adelante. Si tributas como persona física en el Régimen Simplificado de Confianza (RESICO), la ley dice que sí estás obligado a presentar tu declaración anual, y debes hacerlo en abril del año siguiente al que corresponda. Es decir, si hablamos de tus ingresos de 2026, la declaración deberás presentarla en abril de 2027.

Pero ¡tranquilos!, más adelante en este libro hablaremos sobre una facilidad que otorga el SAT para que muchos contribuyentes del

RESICO no tengan que presentar esta declaración anual. De momento, veamos lo que dice la ley de forma sencilla.

¿Qué se considera para calcular el impuesto anual?

El artículo 113-F de la LISR indica que debes sumar todos los ingresos que hayas cobrado durante el año, siempre y cuando estén respaldados por facturas electrónicas (CFDI). Aquí van algunos puntos clave:

- Solo se cuentan los ingresos cobrados realmente, no los que solo hayas facturado, pero aún no te pagan.
- No se incluye el IVA (ese va por separado).
- No puedes restar gastos o deducciones. El cálculo se hace sobre el ingreso bruto.
- A ese ingreso anual se le aplica una tasa fija, dependiendo de cuánto hayas ganado en el año. Aquí te dejamos la tabla:

Ingreso anual sin IVA (CFDIs cobrados)	Tasa de impuesto
Hasta $300,000	1.00%
Hasta $600,000	1.10%
Hasta $1,000,000	1.50%
Hasta $2,500,000	2.00%
Hasta $3,500,000	2.50%

¿Qué pasa si ya pagaste impuestos mes con mes?

¡Buena noticia! A lo que te salga en la declaración anual le puedes restar lo que ya hayas pagado cada mes en tus declaraciones del RESICO. Incluso puedes restar también lo que te hayan retenido, si aplica en tu caso.

⚠️ Advertencia fiscal: cancelar facturas en RESICO puede tener consecuencias penales

En el RESICO, los CFDI son la base para calcular el ISR. A diferencia de otros regímenes, el SAT determina el impuesto casi exclusivamente con base en las **facturas emitidas y efectivamente cobradas**. Por ello, la ley prevé una **advertencia relevante:** si un contribuyente cancela un CFDI que ya fue utilizado por su cliente para efectos fiscales, dicha conducta puede considerarse **defraudación fiscal equiparada**, conforme al artículo 109, fracción I del Código Fiscal de la Federación.

La razón es simple: si el ingreso existió, fue cobrado y además reconocido fiscalmente por el receptor, su cancelación posterior provoca una **disminución artificial de los ingresos declarados.** En términos legales, esto equivale a **declarar ingresos menores a los realmente obtenidos**, conducta expresamente sancionada por la ley.

En consecuencia, la cancelación de facturas en RESICO no debe realizarse a la ligera. Solo es procedente cuando exista un error real y debidamente corregido conforme a las reglas del SAT.

CAPÍTULO 14
LA RETENCIÓN DEL IMPUESTO EN EL RESICO: ¡QUE NO TE TOMEN POR SORPRESA!

Si estás en el Régimen Simplificado de Confianza (RESICO) y trabajas con empresas (personas morales), hay una regla que debes tener muy clara: estas empresas están obligadas a retenerte una parte de tu Impuesto sobre la Renta (ISR). No te preocupes, aquí te explicamos de manera sencilla cómo funciona esta retención para que puedas manejarla sin complicaciones.

¿Cómo funciona la retención?

Cuando prestas un servicio, realizas una actividad empresarial o rentas algún bien a una empresa (persona moral), esta debe retenerte el 1.25% del monto que te pague. Luego, esa cantidad retenida se la entregará directamente al Servicio de Administración Tributaria (SAT) a más tardar el día 17 del mes siguiente.

Ejemplo práctico:

Mariana es diseñadora gráfica y está en el RESICO. Una empresa la contrata para diseñar un logotipo y le paga $20,000 pesos (sin contar IVA). Como la empresa es una persona moral, debe retenerle el 1.25% de ese monto:

- $20,000 x 1.25% = **$250 pesos**

Entonces, Mariana recibirá en su cuenta $19,750 pesos, ya que la empresa retendrá los $250 pesos y los pagará al SAT en su nombre.

¿Dónde se refleja la retención?

Para que todo sea transparente, la empresa debe entregarte un comprobante fiscal (CFDI) en el que aparezca el monto que te retuvieron. Este comprobante es importante porque el ISR retenido se toma en cuenta en el pago mensual que debes presentar ante el SAT.

La retención del 1.25% debe aparecer en tu factura (CFDI)

Cuando emites una factura como contribuyente del Régimen Simplificado de Confianza (RESICO) y tu cliente es una persona moral (una empresa, asociación, etc.), debes recordar que la retención del 1.25% de ISR no solo es un cálculo interno, sino que debe aparecer reflejada en la factura que le entregas a tu cliente.

¿Por qué es importante incluirla? Porque la empresa que te paga es la responsable de retener y enterar ese impuesto al SAT. Si no lo incluyes en la factura, podrían surgir problemas al momento de acreditar las retenciones o incluso errores en la declaración mensual.

¡Ojo! Si no agregas la retención en la factura…

Si no incluyes la retención en tu factura, podrías enfrentar problemas como:

- La empresa podría pagarte sin retener el impuesto, lo que generaría discrepancias en tus declaraciones.
- El SAT podría considerar que no aplicaste correctamente el esquema de retenciones y hacerte ajustes fiscales.
- Si la empresa retuvo, pero no lo reflejó en la factura, tendrías dificultades para acreditar el impuesto retenido en tu declaración mensual.

Por eso, al facturar a personas morales, siempre **debes incluir la retención del 1.25%** en la factura para evitar complicaciones.

¡No olvides lo relativo a la declaración R14!

Según la **Regla 3.13.14** de la Resolución Miscelánea Fiscal, la empresa que te retuvo el impuesto debe presentar su declaración mediante el formato **R14 "Retenciones por servicios profesionales/Régimen Simplificado de Confianza"**.

Esta presentación también debe hacerse a más tardar el día 17 del mes siguiente al pago.

¿Cómo me afecta esta retención?

La buena noticia es que no es un impuesto adicional que debas pagar, sino un adelanto de tu ISR mensual. Si en el cálculo de tu pago mensual ya tienes ISR suficiente retenido por las empresas con las que trabajas, podrías terminar pagando muy poco o incluso nada adicional ese mes.

Otro ejemplo: Pedro es consultor y ha facturado $50,000 pesos en el mes. Como trabaja con empresas, todas le han retenido el 1.25% del monto que le pagaron. En total, le retuvieron:

- $50,000 x 1.25% = **$625 pesos**

Cuando Pedro haga su cálculo mensual del ISR bajo el RESICO, puede restar esos $625 pesos retenidos del monto que le toca pagar. Si su ISR mensual es de $800 pesos, solo tendrá que pagar $175 pesos adicionales ($800 - $625 = $175).

Ejemplo con saldo a favor:

Ejemplo 1: Tienes saldo a favor

- Tus ingresos mensuales: $30,000
- Tasa RESICO aplicable: 1.10% (según la tabla del artículo 113-E)

- Impuesto a pagar: $30,000 × 1.10% = $330
- ISR retenido por la empresa: $30,000 × 1.25% = $375

En este caso, la empresa ya pagó al SAT $375 en tu nombre, pero tú solo debías pagar $330 según tu régimen. Como resultado, tienes un saldo a favor de $45 ($375 - $330). Este saldo puede compensarse con impuestos futuros o solicitarse en devolución.

Opción para No Emitir el Comprobante de Retención en el RESICO

Si eres persona física en el Régimen Simplificado de Confianza (RESICO) y realizas operaciones con personas morales, es importante que sepas que estas empresas deben retenerte el 1.25% de ISR sobre los pagos que te hagan. Normalmente, están obligadas a proporcionarte un comprobante de retención, pero existe una alternativa que simplifica este proceso.

¿En qué consiste esta opción?

La **Regla 3.13.13** de la Resolución Miscelánea Fiscal permite que la empresa que te retiene el 1.25% de ISR no esté obligada a entregarte un comprobante de retención, siempre y cuando tú, como contribuyente RESICO, incluyas el monto de la retención en la factura (CFDI) que emitas. En otras palabras, en lugar de recibir un comprobante de retención por separado, puedes reflejar la retención directamente en la factura que expides a la empresa.

Por eso como ya lo mencionamos, es importante que estés muy atento a este punto al momento de emitir tu CFDI.

¿Cómo aplicar esta opción?

1. **Al emitir tu factura**, asegúrate de incluir:
   - El monto total del servicio o producto.
   - El IVA correspondiente (si aplica).
   - El monto del ISR retenido (1.25%).
2. **La empresa te pagará el monto correspondiente**, descontando la retención del 1.25% y se encargará de reportarlo al SAT.
3. **Tu factura será suficiente** para que puedas acreditar la retención en tu declaración mensual.

Ejemplo práctico: Una diseñadora gráfica en el régimen RESICO trabaja con una empresa de marketing. En enero, la empresa le contrata por un servicio de $10,000.

Datos de la factura:

Concepto	Monto
Servicio de diseño	$10,000.00
IVA (16%)	$1,600.00
Retención ISR (1.25%)	-$125.00
Total a recibir	$11,475.00

La empresa le transfiere **$11,475.00**, ya que descontó el ISR del 1.25%.

Como la diseñadora incluyó la retención en su propia factura, la empresa no está obligada a entregarle un comprobante de retención.

Ventajas de esta opción:

- **Simplificación administrativa:** No es necesario solicitar comprobantes de retención adicionales.
- **Mayor control:** La retención queda reflejada en la factura desde el momento en que se emite.
- **Facilidad para acreditar el impuesto:** Puedes usar tu propia factura como documento para acreditar el ISR retenido en tu declaración mensual.

¿Y qué pasa con el IVA? ¡Que no se te pase también la retención!

Aquí viene otro punto clave que muchas personas olvidan: **también hay retención de IVA cuando facturas a personas morales**. Y sí, aplica, aunque estés en RESICO, porque no existe ninguna excepción especial para este régimen en la Ley del IVA.

Según el artículo **1o-A, fracción II, inciso a) de dicha ley**, cuando una persona moral (empresa) recibe servicios personales independientes o el uso o goce temporal de bienes por parte de una persona física (como tú), está obligada a retener una parte del IVA.

En la práctica, esta retención equivale a dos terceras partes del IVA trasladado, lo que representa el **10.6667%** del valor total de la operación, cuando aplicas la tasa general del 16%.

Importante: Aunque a veces se dice que la empresa retiene el "75% del IVA", en realidad lo que hace es quedarse con aproximadamente 10.6667% del valor total de tu factura (antes de IVA).

Por eso, si facturas $50,000 más IVA, la retención de IVA será de $5,333.

Insistimos: ¡No olvides el CFDI con retenciones!

Es fundamental que expidas correctamente el Comprobante Fiscal Digital por Internet (CFDI) en el que se reflejen las retenciones de ISR e IVA que la empresa te está aplicando. Esto no solo respalda la operación, sino que te permite acreditar esas retenciones en tu declaración mensual y evitar errores o diferencias con el SAT.

Veámoslo con un ejemplo completo: Supón que facturas a una empresa lo siguiente:

- Subtotal (sin IVA): $50,000
- IVA (16%): $8,000
- Total factura: $58,000

La empresa te pagará así:

- ISR retenido (1.25% sobre $50,000): $625
- IVA retenido (10.666% sobre $50,000): $5,333
- Total retenido: $5,958
- Monto que recibes: $52,042
- **CFDI emitido:** Deberá reflejar las retenciones de ISR e IVA de manera clara.

Las retenciones en el RESICO pueden parecer un pequeño obstáculo al principio, pero en realidad te ayudan a anticipar el pago de tu impuesto y evitar deudas fiscales acumuladas. Lo importante es que siempre recibas tu CFDI con la retención correspondiente y que verifiques que la empresa realmente haya enterado el impuesto al SAT.

Así que, si eres RESICO y trabajas con empresas, ahora ya sabes cómo funciona esta retención para que la uses a tu favor y no te tome por sorpresa. ¡Sigue disfrutando de los beneficios de este régimen simplificado sin preocupaciones fiscales!

CAPÍTULO 15
¿QUÉ INGRESOS PUEDES RECIBIR SIN SALIR DEL RESICO? CASOS EXTRAORDINARIOS PERMITIDOS

¡Mucho ojo con estos ingresos extraordinarios!

En el mundo fiscal, cada peso cuenta… y en el RESICO, contar de más puede costarte caro. Literalmente. Una mala interpretación o descuido en tus ingresos puede dejarte fuera del régimen sin deberla ni temerla, o hacerte pagar más impuestos de los que realmente te tocan.

Por eso, si alguna vez recibes **ingresos fuera de lo común** —como un seguro, una herencia, una venta única de algo que no es tu actividad habitual— es fundamental que sepas **cuáles de esos ingresos se excluyen del famoso límite de $3,500,000**. Porque sí, existen casos en los que el SAT te permite no contar ciertos ingresos como parte del tope para tributar en RESICO. Pero si no estás al tanto, podrías perder el beneficio.

Este capítulo está pensado justo para eso: evitarte un susto fiscal innecesario, ayudarte a planear con inteligencia tus operaciones y asegurarte de que aproveches al máximo este régimen preferencial, sin riesgos ni sorpresas.

Así que, si estás por cerrar una venta importante, recibir un pago inesperado o tomar una decisión financiera relevante… **lee esto antes de mover un solo centavo.** Podría marcar la diferencia entre seguir en RESICO o pasarte al régimen general (y decirles adiós a las tasas bajas del 1 al 2.5%).

En este capítulo analizamos la Regla 3.13.4 de la Resolución Miscelánea Fiscal, aplicable al ejercicio. Esta norma es clave, ya que aclara cuáles ingresos extraordinarios no se consideran para el límite máximo de $3,500,000.00 que se establece para tributar en el Régimen Simplificado de Confianza (RESICO). Es una herramienta de gran ayuda para quienes, en ocasiones, reciben ingresos atípicos o extraordinarios que, de incluirse, podrían impedirles acceder a los beneficios del RESICO.

¿Qué establece la Regla 3.13.4?

El título de la regla es: ***"Ingresos extraordinarios que no se consideran en el límite máximo para tributar en el Régimen Simplificado de Confianza."***

De acuerdo con esta disposición y en relación con el artículo 113-E (párrafos primero, segundo y sexto) de la Ley del Impuesto sobre la Renta (ISR), **no se incluirán en el cálculo del límite de**

$3,500,000.00 los ingresos que se obtengan por actividades distintas a la actividad empresarial, y que provengan de las siguientes fuentes que vamos a explicar a continuación:

1. No se incluyen ingresos por: Venta de Casa Habitación (Artículo 93, fracción XIX, inciso a) del ISR) ¿Cómo funciona la exención del ISR por venta de casa habitación?

Si estás pensando en vender tu casa, es importante que sepas que no siempre debes pagar Impuesto Sobre la Renta (ISR) por la ganancia que obtengas. La Ley del ISR, en su Artículo 93, fracción XIX, inciso a), establece una exención fiscal que te permite vender tu casa sin pagar impuestos, siempre que cumplas ciertos requisitos.

¿Cuándo aplica la exención?

No pagarás ISR si:

☑ La casa que vendes es tu casa habitación. Esto significa que debes haberla usado como tu vivienda principal.

☑ El precio de venta no supera cierto límite. La limitante que se establece dentro de la Ley del ISR es de 700,000 Unidades de Inversión (UDIS), las cuales se actualizan año con año.

¿Qué son las UDIS y cuánto es el límite en pesos?

Las UDIS (Unidades de Inversión) son una medida financiera que ajusta su valor diariamente con base en la inflación. En términos simples, es una referencia para calcular valores en moneda nacional que se mantengan actualizados con el tiempo.

Para determinar el monto exacto del límite de exención en pesos, necesitamos conocer el valor de la UDI en el momento de la venta.

Ejemplo de cálculo (con un valor aproximado de UDI en 2026 de $8.69 MXN):

- 700,000 UDIS × $8.69 MXN = $6,083,000 MXN

Esto significa que si vendes tu casa por hasta $6,083,000 MXN (según este cálculo estimado), no pagarás ISR por la venta. Si el precio de venta es mayor, el excedente sí estará sujeto a impuestos.

¿Qué pasa si el precio de venta supera el límite exento?

Si vendes tu casa por más del monto exento, el excedente estará sujeto a ISR. Para calcular el impuesto, se deben seguir estos pasos:

Se calcula la ganancia obtenida.

- Se aplican las deducciones permitidas, pero solo en la proporción correspondiente al excedente.
- Se paga un impuesto provisional sobre esa ganancia, el cual retiene el notario público al momento de formalizar la venta.

Ejemplo práctico:

- Precio de venta: $6,000,000 MXN
- Límite exento: $5,915,000 MXN
- Excedente sujeto a ISR: $85,000 MXN

Sobre este excedente se calculará el ISR aplicando las reglas fiscales correspondientes.

Requisitos adicionales para la exención

Además del límite de UDIS, hay otras condiciones que debes cumplir para beneficiarte de la exención:

- No haber usado esta exención en los últimos 3 años. Si ya vendiste otra casa y aplicaste la exención en ese periodo, no podrás usarla de nuevo hasta que pasen tres años.
- La venta debe formalizarse ante un notario público. Esto es obligatorio para que la exención sea válida.
- El notario verificará tu historial con el SAT. Antes de la venta, el notario consultará con el Servicio de Administración Tributaria (SAT) si en los últimos 5 años has usado esta exención. Si no la has usado en los últimos 3 años, pero sí dentro de los últimos 5, la autoridad podría solicitar información adicional.

2. No se incluyen ingresos por: Donativos Exentos (Artículo 93, fracción XXIII del ISR) ¿Los donativos pagan impuestos? Lo que debes saber sobre la exención del ISR

Si alguna vez has recibido un donativo o estás pensando en dar uno, es importante conocer las reglas fiscales que aplican en México. En principio, los donativos pueden estar exentos del Impuesto Sobre la Renta (ISR), pero con ciertas condiciones.

El Artículo 93, fracción XXIII, de la Ley del ISR establece los casos en los que no se paga impuesto por recibir un donativo. Vamos a explicarlo de manera sencilla.

¿Cuándo un donativo está exento de ISR?

✅ **1. Donativos entre cónyuges o de padres a hijos (y viceversa)**

Si el donativo se da entre:

- Esposo y esposa
- Padres a hijos o hijos a padres
- Abuelos a nietos o nietos a abuelos

No importa el monto del donativo. Puede ser cualquier cantidad y seguirá estando exento de ISR.

✅ 2. Donativos de hijos a padres (con una condición)

Si un hijo dona dinero o bienes a sus padres, tampoco paga ISR, siempre que el padre no transfiera después esos bienes a otro hijo u otro descendiente.

Ejemplo:

- Mariana le dona a su padre $500,000 MXN. Si el padre conserva el dinero, no se paga ISR.
- Pero si luego él le transfiere ese dinero a su otro hijo, sí podría generar un impuesto.

✅ 3. Donativos de otras personas (con límite exento)

Si recibes un donativo de alguien que no es tu cónyuge ni tu familiar en línea recta, estará exento hasta cierto monto.

¿Cuál es el límite para donativos exentos en 2026?

El límite se calcula con base en la UMA (Unidad de Medida y Actualización).

¿Qué es la UMA?

Es una unidad de referencia que se actualiza cada año y se usa para calcular pagos, multas, impuestos, etc. Su valor cambia anualmente con la inflación.

Límite exento = 3 veces la **UMA anual**

Para 2026, la UMA diaria es aproximadamente $117.13 MXN (estimado).

- UMA mensual: $3,566.22 MXN
- UMA anual: $42,794.64 MXN
- Límite exento de donativos = $128,383.92 MXN (3 × $42,794.64 MXN)

Si recibes hasta $128,383.92 MXN en un año, no pagas ISR. Pero si el donativo es mayor, el excedente sí pagará impuesto.

Ejemplo práctico: Laura recibe un donativo de su mejor amiga por $150,000 MXN.

- El límite exento es $128,383.92 MXN.
- Excedente sujeto a ISR: $21,616.08 MXN.
- Este excedente se considera un ingreso y debe pagar ISR.

3. No se incluyen ingresos por: Indemnizaciones y Pagos por Separación (Artículo 95 del ISR)

Indemnizaciones, primas de antigüedad y pagos por retiro: ¿Cómo se calculan los impuestos?

Cuando una persona recibe dinero por indemnización, retiro, prima de antigüedad o cualquier otro pago por separación, es natural preguntarse ¿cómo se paga el impuesto? ¿Se debe pagar sobre todo el monto recibido? ¿Existen exenciones?

La Ley del ISR sí contempla una forma especial de calcular el impuesto para estos pagos, lo que puede reducir la carga fiscal.

Vamos a explicarlo con ejemplos sencillos.

¿Qué pagos entran en esta categoría?

Si recibes alguno de los siguientes pagos, debes conocer cómo se calcula el impuesto:

- Primas de antigüedad (cuando dejas un empleo después de muchos años de servicio).
- Indemnización por despido (liquidación o finiquito).
- Pagos por retiro o jubilación.

Ejemplo: Roberto trabajó en una empresa durante 15 años y fue despedido. La empresa le pagó:

- Sueldo pendiente: $30,000 MXN
- Prima de antigüedad: $150,000 MXN
- Indemnización por despido: $400,000 MXN

En total, Roberto recibió $580,000 MXN. Pero no todo este monto paga impuesto de inmediato, ya que la ley permite ciertas reducciones antes de calcularlo.

¿Cómo se calcula el impuesto sobre estos pagos?

El Artículo 95 de la Ley del ISR establece un método especial de cálculo en dos pasos:

◆ **Paso 1: Identificar el último sueldo mensual ordinario**

El SAT permite que parte de la indemnización se trate como si fuera un sueldo normal, lo que puede disminuir la carga fiscal.

Ejemplo:

- Último sueldo mensual de Roberto: $30,000 MXN

Esta cantidad se suma a sus otros ingresos del año y se le calcula el ISR normal.

◆ **Paso 2: Calcular el impuesto sobre el resto del pago**

El dinero que excede el último sueldo mensual paga ISR con una tasa especial.

Ejemplo (continuación):

- Total de pagos extraordinarios: $550,000 MXN ($580,000 menos el sueldo mensual).
- ISR se calcula aplicando la tasa efectiva de su sueldo habitual.

Importante: Si el monto total de la indemnización es menor al último sueldo mensual, entonces se trata como un ingreso ordinario y no se usa el método especial.

4. No se incluyen ingresos por: Herencias, Donaciones y Fusiones de Empresas (Artículo 119, último párrafo del ISR)

Ingresos por transmisión de propiedad de bienes por causa de muerte, donación o fusión de sociedades, y enajenación de bonos, valores y otros títulos de crédito, **siempre que el ingreso por la enajenación se considere interés.**

¿Cuándo la venta de bienes NO se considera un ingreso gravado?

En México, cuando vendes una casa, un auto o cualquier otro bien, el SAT normalmente lo considera un ingreso por enajenación de bienes y, en algunos casos, puede generarse un impuesto.

✅ **Casos en los que NO se paga ISR por enajenación**

Según el **artículo 119, último párrafo de la Ley del ISR**, no se considera un ingreso por venta cuando la propiedad cambia de dueño en los siguientes casos:

- **Herencias.** Si una persona fallece y deja bienes a sus herederos, estos no pagan ISR por recibirlos.

Ejemplo: Laura recibe un departamento de su padre cuando él fallece. Aunque el inmueble vale $2,000,000 MXN, Laura no paga impuestos por recibirlo, ya que es una herencia.

- **Donaciones.** Si una persona te dona un bien (te lo regala sin pedir nada a cambio), tampoco se considera enajenación, aunque hay reglas específicas sobre quién puede recibir donaciones sin pagar impuestos.

Ejemplo: Luis le dona a su hija un auto valuado en $300,000 MXN. Como es una donación entre ascendiente y descendiente en línea recta, no genera ISR.

⚠️ **Advertencia fiscal:** Si el donativo es entre personas sin parentesco directo, puede estar sujeto a impuestos.

- **Fusión de empresas.** Cuando dos empresas se fusionan, los activos de una pasan a la otra, pero esto **no se considera una venta para efectos fiscales**.

Ejemplo: La empresa "A" se fusiona con la empresa "B", y todos los bienes de "A" pasan a "B". Aunque en papel parece que hubo una "compra", el SAT no considera esto una venta gravada con ISR.

- **Venta de bonos y valores financieros.** Si vendes ciertos instrumentos financieros, como bonos o títulos de crédito, y la ganancia obtenida **se considera interés**, entonces no se toma como enajenación.

Ejemplo: María invierte en bonos del gobierno y los vende con una ganancia de $20,000 MXN. Como esta ganancia **es considerada interés**, no se trata como enajenación de bienes.

5. No se incluyen ingresos por: Bienes Adquiridos por Prescripción (Artículo 130, fracción III del ISR)

¿Qué pasa si te quedas con un bien por prescripción? ¿Debes pagar impuestos?

En México, si una persona adquiere un bien sin necesidad de comprarlo, la ley puede considerarlo un ingreso. Uno de los casos más comunes es la prescripción, un concepto legal que permite a una persona convertirse en dueña de un bien después de cierto tiempo.

Pero ¿qué dice el SAT sobre esto? Según el Artículo 130 de la Ley del Impuesto sobre la Renta (ISR), cuando una persona adquiere un bien por prescripción, esto se considera un ingreso gravado con ISR. Vamos a explicarlo con ejemplos sencillos.

¿Qué significa "adquirir por prescripción"?

La prescripción adquisitiva (también llamada usucapión) es un mecanismo legal que permite a una persona convertirse en dueña de un bien cuando ha estado en posesión de este por un tiempo prolongado, sin que el dueño original lo reclame.

Ejemplo sencillo: Pedro ha vivido en una casa abandonada durante más de 10 años, pagó los servicios y la mantuvo en buen estado. El dueño original nunca apareció ni reclamó la propiedad. Pedro puede iniciar un proceso legal de prescripción para que el bien quede legalmente a su nombre.

¿Y qué dice el SAT?

Para efectos fiscales, el SAT considera que Pedro ha "adquirido" un bien y, por lo tanto, es un ingreso que podría generar impuesto.

Tipos de prescripción y ejemplos

A grandes rasgos, existen dos tipos de prescripción en México:

Prescripción ordinaria

✅ Aplica cuando alguien ha poseído un bien de manera pacífica, continua y con buena fe durante un periodo determinado por la ley.

Ejemplo: Ana ha usado un terreno durante 5 años, pensando que era de su familia, pero en realidad no estaba a su nombre. Como ha cumplido con las reglas de la prescripción ordinaria, puede legalmente reclamarlo.

Prescripción extraordinaria

✅ Aplica cuando una persona ha poseído un bien sin necesidad de demostrar buena fe, pero por un tiempo aún mayor.

Ejemplo: Luis ocupa un departamento abandonado durante 10 años, sin que nadie lo reclame. Aunque nunca tuvo permiso, nadie lo desalojó ni lo reclamó, por lo que puede iniciar un proceso de prescripción extraordinaria y volverse dueño legalmente.

¿Debo pagar impuestos si adquiero un bien por prescripción?

Sí, el SAT considera que adquirir un bien por prescripción es un ingreso gravado.

✔ **Ejemplo práctico:**

- Supongamos que Juan adquiere por prescripción un terreno cuyo valor catastral es $500,000 MXN. Para efectos fiscales, el SAT lo ve como un "ingreso" y podría estar sujeto al pago de ISR.

¿Cuánto impuesto se paga?

El cálculo dependerá de varios factores, como el valor del bien y las tarifas aplicables del ISR. Sin embargo, si en algún momento Juan decide vender el terreno, entonces sí tendría que pagar impuestos por enajenación. Pero recuerda, el hecho de que este ingreso extraordinario no se considere para efectos del límite del RESICO, ello no significa que no se deba pagar el impuesto que llegue a resultar según lo que hemos venido mencionando.

6. No se incluyen ingresos por: Premios de Loterías y Sorteos (Artículo 137 del ISR)

Si alguna vez has soñado con ganar la lotería, una rifa o un concurso, es importante que sepas que el SAT también quiere su parte. En México, los premios obtenidos en loterías, rifas, sorteos, apuestas y concursos se consideran ingresos sujetos a impuestos, según el Artículo 137 de la Ley del Impuesto sobre la Renta (ISR).

Pero ¿cuánto se paga? ¿Quién retiene el impuesto? ¿Hay excepciones? Vamos a explicarlo de manera sencilla.

¿Qué premios deben pagar impuestos?

Si ganas dinero o algún bien (como un auto o una casa) en:

✓ Loterías (Ejemplo: Melate, Lotería Nacional)

✓ Rifas y sorteos (Ejemplo: Sorteos Tec, sorteos de universidades)

✓ Juegos con apuestas (Ejemplo: casinos, quinielas)

✓ Concursos (Ejemplo: *reality shows*, competencias de habilidad)

Ejemplo: María compra un boleto de la Lotería Nacional y gana $1,000,000 MXN. Aunque el premio es suyo, no recibirá el millón completo, ya que el organizador debe retenerle el impuesto correspondiente antes de entregarle el dinero.

¿Cuánto se paga de impuestos por premios?

En México, el impuesto sobre premios es del 1% al 21% del valor del premio, dependiendo del tipo de sorteo y si el organizador tiene permiso de la autoridad.

✓ **Ejemplo práctico:** Carlos gana $500,000 MXN en un sorteo. Si el impuesto aplicable fuera del 21%, la cantidad retenida sería:

- $500,000 x 21% = $105,000 MXN
- Carlos recibiría solo $395,000 MXN después de impuestos.

¿Quién paga y retiene el impuesto?

El impuesto se retiene directamente por la empresa u organización que entrega el premio. Es decir:

✓ Tú no tienes que hacer cálculos ni pagar después.

✓ El organizador se encarga de descontar el impuesto antes de entregarte el premio y lo reporta al SAT.

Ejemplo: Si ganas en un casino, el casino ya habrá retenido tu impuesto antes de pagarte.

¿El organizador puede pagar el impuesto por ti? Sí, pero el SAT lo considerará parte del premio.

Ejemplo: Andrea gana un premio de $200,000 MXN en un concurso de televisión. La empresa organizadora decide pagar el impuesto por ella.

Pero el SAT considera que Andrea también ganó el dinero del impuesto, por lo que su premio total será el premio + el impuesto pagado.

◆ **Excepción: ¿Cuándo no se considera premio?**

Si ganas un reintegro, es decir, si te devuelven el dinero de tu boleto de lotería porque tu número salió sorteado, esto no se considera un ingreso gravado y no pagas impuestos.

Ejemplo: Luis compra un boleto de lotería por $100 MXN y su número es seleccionado para un reintegro. Le devuelven los $100 MXN, pero no es un premio como tal, por lo que no debe pagar impuestos.

7. No se incluyen ingresos por: Intereses Moratorios e Indemnizaciones por Cláusulas Penales (Artículo 142, fracción IX del ISR), **Retiros Anticipados de Ahorro para el Retiro** (Artículo 142, fracción XVIII del ISR) Fracción XVIII: **Ingresos provenientes de planes personales de retiro o de la subcuenta de aportaciones voluntarias.**

Si tributas en el Régimen Simplificado de Confianza (RESICO), debes saber que algunos tipos de ingresos no se consideran dentro del límite de ingresos permitidos para estar en este régimen.

Aquí te explicamos dos casos importantes según el Artículo 142 de la Ley del ISR.

¿Qué son los Intereses moratorios, indemnizaciones y cláusulas penales?

Son ingresos que una persona recibe por conceptos como:

- **Intereses moratorios**, derivados de pagos atrasados en préstamos o deudas.
- **Indemnizaciones por perjuicios**, cuando alguien debe compensar económicamente por un daño financiero.
- **Ingresos por cláusulas penales o convencionales**, es decir, penalizaciones económicas establecidas en contratos por incumplimiento.

Ejemplo práctico: Pedro le presta $100,000 a Juan, quien se retrasa en el pago y debe pagarle intereses moratorios de $10,000.

- Como estos intereses son ingresos adicionales para Pedro, deben reportarse al SAT.
- Sin embargo, estos ingresos no se suman al límite de ingresos permitidos para el RESICO.

Retiros anticipados de planes personales de retiro o AFORE

¿Qué son? Son ingresos que una persona recibe cuando retira dinero de su fondo de retiro antes de cumplir los 65 años o sin estar en una situación de invalidez o incapacidad laboral.

Ejemplo práctico:

- Sofía tiene un plan personal de retiro donde ha ahorrado $500,000.
- Decide retirar ese dinero a los 50 años.
- Ese retiro se considera ingreso para el SAT y deberá pagar impuestos.
- Sin embargo, este monto no se contará dentro del límite de ingresos del RESICO.

Recordatorio fiscal respecto a estos ingresos extraordinarios que acabamos de analizar: Si tributas en el RESICO, estos ingresos:

- Sí pagan los impuestos que en su caso les correspondan, pero;
- No se suman al límite de ingresos para seguir en el RESICO.

¿Cómo beneficia esta regla al contribuyente?

Como ya lo mencionamos al inicio del capítulo, esta disposición permite que ciertos **ingresos extraordinarios**, que podrían variar de un año a otro y no corresponden a la actividad empresarial habitual, no se sumen al límite de $3,500,000.00. Esto es especialmente útil para quienes, además de sus ingresos regulares, reciben montos atípicos que, de incluirse, podrían hacer que se supere el límite y se pierdan las facilidades y tasas preferenciales del RESICO.

Ejemplo Práctico: Imaginemos el caso de María, una consultora independiente que tributa en el RESICO por sus actividades profesionales. Durante el ejercicio anterior, María obtuvo:

- **Ingresos habituales** por servicios profesionales (actividades RESICO): $2,800,000
- Ingresos extraordinarios por la **enajenación de su casa habitación** (con los requisitos de exención): $900,000
- Ingresos por un **premio legal** obtenido en un concurso: $400,000

Si sumamos todos sus ingresos brutos sin distinción, el total sería:

- $2,800,000+$900,000+$400,000=$4,100,000

Sin embargo, de acuerdo con la **Regla 3.13.4**, los ingresos extraordinarios que provienen de la enajenación de casa habitación (art. 93, fracción XIX, inciso a) y del premio legal (art. 137) no se consideran para el límite.

Por lo tanto, para efectos del RESICO, únicamente se tomará en cuenta el monto de $2,800,000. Esto permite a María seguir tributando en el RESICO y beneficiarse de sus ventajas, a pesar de haber recibido ingresos extraordinarios.

Conclusiones y Recomendaciones

Claridad en el Cálculo: La regla deja claro que, para el límite del RESICO, se consideran únicamente los ingresos propios de la actividad empresarial, profesional o de arrendamiento, excluyendo los ingresos extraordinarios detallados.

Importancia de la Documentación:

Es fundamental contar con la documentación legal que respalde que dichos ingresos extraordinarios efectivamente corresponden a las actividades exentas, ya que, en caso de revisión, la autoridad fiscal podría cuestionar la clasificación.

Asesoría Especializada:

Dado que la norma puede generar dudas en casos particulares, y considerando que la ley siempre debe interpretarse de forma favorable al contribuyente, se recomienda consultar con un abogado fiscalista si surge alguna discrepancia o interpretación diferente por parte de la autoridad.

CAPÍTULO 16
DECLARACIONES EN EL RESICO: QUÉ, CUÁNDO Y CÓMO PRESENTARLAS

Si tributas en el Régimen Simplificado de Confianza (RESICO), debes calcular y pagar tu impuesto de manera **mensual**, sin aplicar deducciones —como ya lo hemos explicado a lo largo de este libro— Sin embargo, un aspecto igualmente esencial es la presentación oportuna de las declaraciones fiscales.

En este régimen existen distintos tipos de declaraciones, que varían según ciertas particularidades que analizaremos en este capítulo. Aquí es fundamental que tengas clara una distinción importante: **presentar una declaración no es lo mismo que pagar el impuesto.**

No cometas el error común de pensar que con solo enviar la declaración ya cumpliste con tu obligación fiscal.

Cuando al final del mes se determina un saldo a pagar, el propio sistema generará automáticamente una línea de captura, que deberás liquidar dentro del plazo correspondiente.

Es importante que lo tomes en serio, ya que el SAT puede imponer **dos tipos distintos de sanciones**: una por no presentar la declaración, y otra por no realizar el pago correspondiente.

¿Por qué el SAT puede imponer dos multas distintas por una misma obligación fiscal?

Aunque a simple vista puede parecer excesivo, la imposición de dos sanciones responde a la naturaleza jurídica de cada una de las obligaciones fiscales. En realidad, el Código Fiscal de la Federación (CFF) distingue entre dos momentos distintos dentro del cumplimiento fiscal:

- La obligación de presentar la declaración
- La obligación de pagar el impuesto declarado (cuando hay monto a cargo)

Cada una se considera una obligación autónoma y, por tanto, su incumplimiento genera consecuencias diferentes.

Veámoslo con un ejemplo práctico: Supongamos que Valentina es una profesionista independiente que tributa en el RESICO. En el mes de mayo, generó ingresos por los cuales debe pagar $1,200 pesos de ISR. Sin embargo, se le olvida presentar su declaración mensual.

Multa 1: Por no presentar la declaración

El SAT puede imponerle una multa que, de acuerdo con el artículo 82 del CFF, puede oscilar entre $1,810 y $22,400 pesos, dependiendo de la reincidencia y otros factores.

Multa 2: Por no pagar el impuesto correspondiente

Además, como no se presentó la declaración, tampoco se pagó el impuesto. Por tanto, el SAT puede aplicar recargos, actualizaciones e incluso otra multa por omisión de pago, con fundamento en el artículo 82 del mismo Código.

Recuerda: una cosa es reportar tus ingresos al SAT (presentar la declaración), y otra es cumplir con el pago que derive de ellos. Incumplir cualquiera de las dos puede traer consecuencias económicas importantes.

¿Cuándo se presenta la declaración?

Pago mensual: Debes presentar tu declaración a más tardar el día 17 del mes siguiente al que corresponda el ingreso.

Declaración anual: Además de los pagos mensuales, debes presentar una declaración anual conforme al artículo 113-F de la Ley del ISR.

Ejemplo: Si en enero tuviste ingresos, el pago correspondiente lo debes realizar a más tardar el 17 de febrero.

Pero ¿ya no se presenta declaración anual en RESICO?

Es importante mencionar que, a partir del 2025, la **Regla 3.13.7.** de la Resolución Miscelánea Fiscal introduce una facilidad administrativa importante para los contribuyentes del Régimen Simplificado de Confianza (RESICO), relacionada con la presentación de la declaración anual.

¿Cuál es la facilidad?

Si eres contribuyente de RESICO, los pagos mensuales que realizas conforme al artículo 113-E de la Ley del ISR **serán definitivos**. Esto significa que **no estarás obligado a presentar la declaración anual** por los ingresos obtenidos bajo este régimen.

¿Hay excepciones?

Sí, aunque no tengas que presentar la declaración anual por tus ingresos en RESICO, aún debes calcular la renta gravable si te corresponde pagar Participación de los Trabajadores en las Utilidades (PTU).

Para esto, debes considerar:

- Todos los ingresos cobrados en el año con CFDI.
- Restar los pagos de servicios, compras de bienes o rentas necesarias para tu actividad.
- Restar los pagos exentos para los trabajadores según el Artículo 28, fracción XXX de la Ley del ISR.

Es importante que tomes en consideración que la fracción XXX del artículo 28 de la Ley del Impuesto sobre la Renta (LISR) establece una limitante en la deducción de ciertos pagos realizados a los trabajadores, específicamente aquellos que son considerados ingresos exentos para ellos.

¿Qué establece esta disposición?

Los pagos que una empresa realice a sus trabajadores y que sean ingresos exentos para ellos no serán 100 % deducibles para la empresa. En su lugar, solo podrán deducirse hasta por el porcentaje permitido, el cual dependerá de si la empresa mantiene o no el nivel de prestaciones exentas en comparación con el año anterior.

¿Cuáles son los factores de deducción?

- 53 % (Factor de 0.53): Se aplica cuando la empresa reduce las prestaciones exentas en comparación con el año fiscal anterior.
- 47 % (Factor de 0.47): Se aplica cuando la empresa mantiene o incrementa las prestaciones exentas respecto al ejercicio anterior.

Ejemplo práctico: Supongamos que una empresa otorga vales de despensa y seguro de gastos médicos a sus trabajadores, y que estos conceptos son ingresos exentos para ellos.

Caso 1:

- En 2023, la empresa otorgó $1,000,000 en prestaciones exentas.
- En 2024, disminuyó estos beneficios a $800,000.

Como redujo las prestaciones, solo podrá deducir el 53 % de los $800,000, es decir, $424,000.

Caso 2:

- En 2023, la empresa otorgó $1,000,000 en prestaciones exentas.
- En 2024, mantuvo o incrementó este monto.

Como no disminuyó los beneficios, podrá deducir el 47 % de los $1,000,000, es decir, $470,000.

Justificación de la norma: Esta restricción tiene como objetivo evitar que las empresas usen en exceso los pagos exentos como estrategia para reducir su carga fiscal, incentivando a que los beneficios a los trabajadores sean razonables y constantes. También busca desincentivar la sustitución de salarios gravados por prestaciones exentas.

¿Qué pasa si trabajas en copropiedad?

El régimen de copropiedad en el contexto del Régimen Simplificado de Confianza (RESICO) aplica cuando dos o más personas físicas comparten la propiedad de un bien o una actividad económica generadora de ingresos, como un local comercial, una finca productiva o un inmueble en arrendamiento. En estos casos, la copropiedad debe designar a un representante común, quien será responsable de cumplir con las obligaciones fiscales en nombre de todos los copropietarios ante el SAT, incluyendo la emisión de facturas y la presentación de declaraciones.

Si realizas actividades en copropiedad bajo RESICO y aplicas las reglas 3.13.20 (opción de realizar actividades en copropiedad en Régimen Simplificado de Confianza) o 3.13.21 (opción de nombrar representante común en copropiedad en Régimen Simplificado de Confianza), puedes optar por presentar tu declaración anual. En este caso:

✔ Cada copropietario reportará su parte proporcional de los ingresos obtenidos.

✔ Podrá acreditar el ISR pagado en los pagos mensuales y las retenciones realizadas conforme al Artículo 113-J.

¿Cómo se calculan los pagos mensuales? Los pagos mensuales se determinan con base en:

- El total de ingresos recibidos y cobrados, es decir, el dinero que efectivamente te pagaron.
- Amparados por facturas electrónicas (CFDI).
- ✖ Sin incluir el IVA.
- ✖ Sin aplicar deducciones.

Ejemplo: Si en marzo facturaste $50,000, pero solo te pagaron $30,000, el cálculo del impuesto se hace sobre los $30,000 cobrados, no sobre el total facturado.

Recomendación fiscal-contable: En el RESICO, cumplir a tiempo con la presentación de tus declaraciones es tan importante como calcular correctamente el impuesto. No esperes al último momento: llevar un registro puntual de tus ingresos te permitirá declarar de forma oportuna y evitar contratiempos, recargos o multas.

Recuerda que, en materia fiscal, la puntualidad no solo es buena práctica, sino una obligación legal. La mejor estrategia es anticiparse: declara en tiempo y forma, y mantén tu historial fiscal limpio y en orden.

CAPÍTULO 17
¿CÓMO FUNCIONA EL IVA EN EL RESICO?

El IVA en el RESICO: Lo que Sí y lo que No Cambió

Si tributas en el Régimen Simplificado de Confianza (RESICO), seguramente ya disfrutas de sus tasas preferenciales en el Impuesto Sobre la Renta (ISR). Sin embargo, es importante no caer en la confusión de pensar que este régimen también cambia las reglas del Impuesto al Valor Agregado (IVA). El RESICO solo aplica para efectos del ISR, pero en materia de IVA no hubo ninguna modificación.

El IVA: Un Impuesto Que No Se Queda Contigo

Todos los contribuyentes que estén en RESICO siguen estando obligados a trasladar el IVA en sus facturas. Dependiendo del tipo de producto o servicio que ofrezcas y de tu ubicación geográfica, la tasa de IVA aplicable será:

- 16% en la mayor parte del país.
- 8% si operas en región fronteriza.
- 0% en casos específicos (por ejemplo, venta de productos básicos como alimentos y medicamentos no industrializados).

Es clave entender que el IVA que cobras a tus clientes **no es una ganancia tuya**. Se trata de un impuesto que funciona como un "préstamo temporal": lo recibes, pero está destinado a ser entregado al SAT. **Gastar este dinero como si fuera tuyo es un error que puede traer problemas serios incluyendo el delito de defraudación fiscal.**

Pago Mensual del IVA en el RESICO

Al igual que el ISR, el IVA debe pagarse mes con mes. El plazo límite para hacerlo es el día 17 del mes siguiente.

Para facilitar este proceso, el SAT ha implementado la declaración **"IVA simplificado de confianza"**. Esta declaración está prellenada con la información de tus comprobantes fiscales (facturas de ingresos y egresos), lo que simplifica el proceso y reduce errores.

Ejemplo Práctico

- Imagina que en enero vendiste productos por $50,000 a un cliente. La factura incluiría:

Concepto	Monto
Venta del producto	$50,000.00
IVA (16%)	$8,000.00
Total a cobrar	$58,000.00

En este caso, aunque en tu cuenta bancaria recibirás $58,000, debes recordar que **$8,000 pertenecen al SAT** y deberás enterarlos en la declaración del 17 de febrero.

Si bien el RESICO facilita el pago del ISR, **no exenta del pago del IVA ni modifica sus tasas**. Asegúrate de trasladarlo correctamente, declararlo en tiempo y no gastarlo antes de entregarlo al SAT. De esta manera, evitarás problemas fiscales y mantendrás un control saludable de tus finanzas. No pierdas tampoco de vista lo que mencionamos dentro del capítulo 12 acerca de la retención del IVA.

Consejo fiscal-financiero: No te financies con el IVA, ¡no es tuyo!

Ya lo explicamos antes, pero vale la pena insistir: **el IVA no es una ganancia.** Como contribuyente en RESICO, cuando emites una factura con IVA y tu cliente te paga, ese 16% adicional no va a tu bolsa: **te conviertes, en realidad, en una especie de recaudador a nombre del SAT.** El impuesto lo cobras tú, sí, pero lo haces para entregárselo al fisco. En pocas palabras, el IVA no es ingreso; es una obligación.

Ahora bien, como el cliente te deposita la contraprestación completa —lo que cuesta tu servicio o producto más el IVA—, es muy fácil que todo ese dinero se mezcle en la misma cuenta bancaria. Y sí, ver la cuenta crecer rápidamente es tentador. Ese 16% puede parecer un colchón o una oportunidad de "manejo de flujo", pero cuidado: **es un dinero que no te pertenece**, y utilizarlo para otros fines es abrir la puerta a futuros problemas.

Una buena práctica (y que recomendamos ampliamente) es abrir una **cuenta bancaria exclusiva para el IVA**. Así, en cuanto recibas un pago, transfieres inmediatamente el 16% correspondiente a esa cuenta y lo dejas ahí, quietecito, reservado **para cuando toque pagarle al SAT**. De este modo, evitas la tentación de gastarlo o usarlo como capital de trabajo.

Muchos contribuyentes caen en la mala práctica de financiarse con el IVA. Y cuando las cosas van bien, quizá no pasa nada… pero si un mes las ventas bajan, se retrasa un cliente o surge un gasto imprevisto, **el SAT no esperará a que te repongas**. Si no pagas a tiempo, te expones a recargos, multas e incluso auditorías. Y en casos extremos, si se determina que hubo dolo o intención de evadir, puedes enfrentar acusaciones de defraudación fiscal, con consecuencias legales muy graves.

Por eso, **actúa con inteligencia y responsabilidad financiera**: recuerda que el IVA no es tuyo, sepáralo desde el principio, y duerme tranquilo sabiendo que ese pendiente está cubierto.

Guía práctica: Cómo organizar tus cuentas para manejar el IVA sin estrés

1. Abre al menos dos cuentas bancarias:

- **Cuenta operativa o principal:** Aquí recibirás todos los pagos de tus clientes. Es la cuenta que usarás para tus gastos, inversiones, pagos y flujo diario de efectivo.
- **Cuenta exclusiva para el IVA:** Esta cuenta debe usarse únicamente para guardar el IVA que cobras. Nada de usarla para otros fines.

2. Separa el IVA en cuanto te paguen: Cada vez que recibas un pago, haz este cálculo de inmediato:

- Divide el total recibido entre 1.16 para obtener la base sin IVA.
- El resultado, multiplícalo por 0.16. Ese es el IVA.
- Transfiere ese monto a tu cuenta exclusiva para IVA.

Ejemplo: Si te depositan $11,600, esto incluye el IVA.

- $11,600 / 1.16 = $10,000 (ingreso real)
- $10,000 × 0.16 = $1,600 (IVA)
- Transfiere esos $1,600 a tu cuenta del IVA.

3. Sé disciplinado con los pagos:

- Programa tu calendario fiscal. El IVA se declara y paga mensualmente, a más tardar el día 17 del mes siguiente.
- Tener el dinero ya separado evita contratiempos o "improvisaciones" que podrían salir muy caras.

4. Nunca uses la cuenta del IVA como fondo de emergencia o capital de trabajo.

Recuerda: ese dinero no es tuyo. Utilizarlo con la esperanza de reponerlo después es riesgoso, especialmente si tienes meses con ingresos variables.

5. Considera automatizar este proceso.

Algunos bancos permiten crear "subcuentas" o reglas automáticas de transferencia. Consulta con tu banco para ver si puedes configurar esta separación automática cada que recibas un depósito.

CAPÍTULO 18
EL ACREDITAMIENTO DEL IVA EN EL RESICO: UN BENEFICIO QUE NO DEBES PASAR POR ALTO

Muchos contribuyentes que optan por el Régimen Simplificado de Confianza (RESICO) se quedan con la idea de que el único atractivo está en la baja tasa de ISR. "Como no hay deducciones, no hay nada más que aprovechar", piensan. Pero lo cierto es que hay un beneficio muy valioso que suele pasar desapercibido: **el acreditamiento del IVA.**

Así es. Aunque en RESICO no se permiten deducciones para efectos del ISR, sí puedes aprovechar el IVA que pagas en tus compras y gastos relacionados con tu actividad, y restarlo del que cobras a tus clientes. Y si sabes jugar bien tus cartas —es decir, si aplicas correctamente las reglas y facilidades que otorga la ley—, este beneficio puede significar una gran diferencia: desde pagar menos IVA, hasta no pagar nada, o incluso... ¡obtener una devolución!

Sí, como lo oyes. Lejos de ser un impuesto que solo se traslada, el IVA puede convertirse en un aliado financiero si entiendes cómo funciona su acreditamiento dentro del RESICO. Y justo de eso va este capítulo: de enseñarte a verlo no como un enemigo, sino como una herramienta estratégica que bien usada, puede ayudarte a mejorar tu flujo de efectivo y a cumplir con tus obligaciones de forma inteligente.

¿Cómo Funciona el Acreditamiento del IVA?

El IVA es un impuesto que se traslada al consumidor final en cada venta de bienes o prestación de servicios. Esto significa que, si formas parte del RESICO y realizas operaciones gravadas con IVA, debes incluir este impuesto en tus facturas y enterarlo al Servicio de Administración Tributaria (SAT) como ya lo mencionamos en el capítulo anterior. Sin embargo, para determinar cuánto debes pagar realmente, puedes restar el IVA que te han cobrado en las compras relacionadas con tu actividad económica. A esta operación se le conoce como acreditamiento del IVA.

En términos simples:

- IVA a pagar = IVA cobrado en tus facturas – IVA pagado en tus compras

Si el resultado es positivo, ese es el IVA que deberás pagar al SAT. Si el resultado es cero, no pagas nada. Si el resultado es negativo, es decir, si el IVA que pagaste es mayor al IVA que cobraste, podrías incluso solicitar una devolución de saldo a favor.

Ejemplo Práctico

Supongamos que en un mes emites facturas por $50,000 más IVA (16%). Esto significa que cobraste $8,000 de IVA a tus clientes. Ahora bien, en ese mismo mes realizaste compras de insumos para tu negocio y pagaste un total de $30,000 más IVA (16%), lo que equivale a $4,800 de IVA pagado.

El cálculo del IVA a pagar sería:

- $8,000 (IVA cobrado) - $4,800 (IVA pagado) = $3,200 (IVA a pagar al SAT).

En este caso, el IVA que pagarías al SAT sería de $3,200. Sin embargo, si en vez de pagar $4,800 de IVA en compras, hubieras pagado $9,000, el resultado sería un saldo a favor de $1,000, que podrías solicitar en devolución o compensar en meses posteriores.

Requisitos para Acreditar el IVA: El Secreto Está en la Indispensabilidad

Acreditar el IVA puede parecer algo tan simple como juntar facturas y restar lo pagado de lo cobrado. Pero ¡ojo! No todo el IVA que pagas se puede acreditar. Uno de los errores más comunes entre contribuyentes del RESICO —y en general— **es pensar que cualquier gasto es válido solo porque tiene factura.** Nada más lejos de la realidad.

Para poder aplicar el acreditamiento, es indispensable cumplir con ciertos requisitos legales, y hay uno que sobresale por encima de todos: **el gasto debe ser estrictamente indispensable para tu actividad**. Este es el verdadero filtro que puede marcar la diferencia entre un acreditamiento válido y uno que, ante una revisión del SAT, termine siendo rechazado.

¿Y qué significa que sea "estrictamente indispensable"? Básicamente, que ese gasto esté directamente relacionado con tu actividad económica. Que, sin él, simplemente no podrías operar o lo harías de forma limitada. Por ejemplo, si eres diseñador gráfico, el IVA que pagas por tu software de edición o por una computadora nueva, sí puede acreditarse. Pero si compras una bicicleta para pasear los domingos, aunque tengas factura y esté a tu nombre... ese gasto no tiene nada que ver con tu actividad productiva.

Este criterio ha sido confirmado incluso por los tribunales, quienes han señalado que el carácter de indispensable no puede definirse de forma genérica, **porque depende del giro del contribuyente y del gasto específico de que se trate**. Es decir, lo que es indispensable para un médico, no lo es para un mecánico. Y lo que es vital para un agricultor, puede ser irrelevante para un programador. Lo importante es que el gasto tenga una justificación clara y directa con la actividad que realizas.

Aquí te dejamos un **resumen de los requisitos más importantes para acreditar el IVA**, pero recuerda: si no se cumple el de la indispensabilidad, los demás pierden sentido.

1. **Debe haber CFDI (factura electrónica):** Sin comprobante fiscal, no hay acreditamiento.
2. **El IVA debe estar trasladado expresamente:** Debe aparecer claramente en el desglose de la factura.
3. **El pago debe hacerse en el mes correspondiente:** No puedes acreditar el IVA en un mes distinto al del pago.
4. **El gasto debe ser estrictamente indispensable para tu actividad:** Este es el punto clave. Si el gasto no tiene relación directa con tu negocio, olvídalo.
5. **Pagos mayores a $2,000 deben ser electrónicos:** Transferencias, tarjetas, cheques o monederos electrónicos. En el caso de combustibles, aplica esta regla sin importar el monto, y, además, la Ley del ISR impone una limitación adicional para ciertos contribuyentes sobre pagos en efectivo.

En resumen: no todo gasto con factura es acreditable. El SAT no solo quiere ver CFDIs, también quiere saber por qué ese gasto es necesario para ti como profesional o empresario. Así que antes de sumar facturas como loco, hazte esta pregunta: *¿sin este gasto, podría seguir operando como lo hago?* Si la respuesta es no… estás en el camino correcto para acreditarlo.

Ejemplos de Gastos Acreditables en el RESICO

Ejemplos Prácticos: ¿Qué Gasto Sí Acredita y Cuál No?

A continuación, te presento algunos ejemplos por giro de actividad económica para ayudarte a visualizar de forma clara qué tipo de gastos cumplen con el requisito de indispensabilidad, y por tanto sí permiten acreditar el IVA.

Actividad Económica	Gasto con IVA que sí acredita	Gasto con IVA que no acredita
Diseñador gráfico	Licencia de Adobe, computadora profesional, cursos de diseño	Muebles para el hogar, consola de videojuegos
Médico general	Material quirúrgico, instrumental médico, bata, equipo de diagnóstico	Membresía de gimnasio, celular de lujo sin justificación técnica
Transportista (camioneta)	Diésel, refacciones, seguro vehicular, GPS, peajes	Pantalla para entretenimiento, equipo de sonido
Programador freelance	Laptop, software de desarrollo, silla ergonómica, hosting	Suscripción a plataformas de streaming (Netflix, Disney+, etc.)
Fotógrafo profesional	Cámara profesional, lentes, reflectores, maletín de transporte	Accesorios personales como relojes o ropa casual sin imagen de marca
Vendedor en línea (e-commerce)	Empaques, envío por paquetería, publicidad en redes sociales	Decoración navideña para casa, perfumes personales

Actividad Económica	Gasto con IVA que sí acredita	Gasto con IVA que no acredita
Arrendador de inmuebles	Reparaciones al inmueble, pintura, mantenimiento, pago de luz o agua (si se incluye en el contrato), honorarios de administrador	Cortinas de lujo para su casa, muebles para su oficina personal
Contador	Software contable, calculadora financiera, impresora	Cenas con amigos, vuelos vacacionales

✅ **Consejo final:** El acreditamiento del IVA puede ser una gran ventaja en RESICO, pero solo si sabes usarlo con inteligencia. Así que cuando vayas a gastar, hazte esta pregunta: **"¿Este gasto me ayuda directamente a generar ingresos?"** Si la respuesta es sí, probablemente sea acreditable. Si no, mejor piénsalo dos veces.

CAPÍTULO 19
EL IVA AL 0% EN RESICO: UN TESORO OCULTO QUE POCOS APROVECHAN

Cuando se habla del Régimen Simplificado de Confianza (RESICO), la atención suele centrarse en lo más evidente: su sencillez y la baja tasa de ISR. Pero hay un beneficio igual de poderoso —y sorprendentemente olvidado— que muchos contribuyentes dejan pasar de largo: **el acreditamiento del IVA.**

Y aquí viene lo interesante: si además de estar en RESICO, realizas actividades gravadas al 0% de IVA, podrías estar frente a una de las oportunidades fiscales **más rentables del sistema.**

Así como lo oyes: aunque cobres **IVA al 0%**, tú sí puedes acreditar el IVA que pagas en tus compras y servicios indispensables. ¿El resultado? Saldos a favor que puedes pedir en devolución al SAT y convertir en liquidez real para tu negocio.

¿Te imaginas recuperar mes con mes parte de lo que ya pagaste? Si aprovechas correctamente este beneficio, tu flujo de efectivo puede mejorar considerablemente.

Pero claro, todo depende de entender cómo funciona este esquema… y de tener orden.

¿Cómo es posible? Imagina este escenario: tú realizas una actividad al 0%, como por ejemplo la exportación de servicios. Esto quiere decir que no estás obligado a cobrar IVA a tus clientes, pero eso no significa que no pagues IVA en tus compras: software, renta de oficina, equipo, servicios profesionales, etc. Todo eso genera IVA a tu cargo… **y la buena noticia es que puedes acreditarlo.**

Y como no estás cobrando IVA en tus ventas, no tienes contra qué restarlo… así que el saldo se va acumulando a tu favor. ¿El resultado? **Una posibilidad real de pedir devolución y recuperar ese dinero que ya pagaste.**

¿Por qué la Tasa del 0% Genera Saldos a Favor en el IVA?

Esto no es un "agujero legal" ni una concesión oculta: la razón por la cual puedes generar saldos a favor cuando realizas actividades gravadas al 0% está expresamente contemplada en la propia Ley del IVA.

El fundamento lo encontramos en el **último párrafo del artículo 2-A de dicha Ley**, el cual establece: *"Los actos o actividades a los que se les aplica la tasa del 0%, producirán los mismos efectos legales que aquellos por los que se deba pagar el impuesto conforme a esta Ley."*

¿Y qué significa esto en términos prácticos? Que, aunque tú cobres IVA al 0% (es decir, no traslades impuesto en tu factura), sí tienes derecho a acreditar el IVA que tú pagaste en tus insumos, servicios o bienes necesarios para realizar esa actividad. Y si ese IVA acreditable es mayor al impuesto que trasladaste (que en este caso es cero), se genera un saldo a favor.

Ejemplo simple: el efecto matemático

Imagina lo siguiente:

- Eres un exportador de servicios (actividad gravada al 0%).
- En abril facturaste $100,000 pesos en servicios al extranjero.
- Cobraste IVA al 0%, por lo tanto: IVA trasladado = $0.
- Pero durante ese mes pagaste $10,000 pesos de IVA en rentas, equipo y gastos indispensables.

Resultado:

- IVA trasladado = $0
- IVA acreditable = $10,000
- Saldo a favor = $0 - $10,000 = -$10,000

Ese **saldo negativo** es lo que puedes pedir en devolución al SAT, ya que no lo usaste para pagar IVA y la Ley te lo permite.

! No confundas tasa 0% con actividades exentas

Es muy importante no caer en la confusión entre **actividades gravadas al 0% y actividades exentas de IVA.**

Las exentas (como la educación, el arrendamiento habitacional o los servicios médicos prestados por profesionales de la medicina) no generan derecho al acreditamiento, justamente porque no producen efectos fiscales similares a los actos gravados.

En cambio, las **actividades al 0%** sí están gravadas, solo que con una tasa del 0%, y por eso mantienen todos los efectos fiscales, incluyendo el derecho al acreditamiento y, en su caso, a la devolución.

¿Qué actividades aplican con tasa 0%?

No todas, eso es cierto. Pero si estás en alguno de estos supuestos, ¡aprovéchalo al máximo! Algunas de las actividades que están gravadas al 0% son:

- Exportación de servicios (por ejemplo, un diseñador gráfico, programador, editor de video o consultor que presta servicios a clientes en el extranjero).
- Venta de productos alimenticios no preparados (pan, frutas, verduras, productos básicos).
- Venta de medicamentos (farmacias, distribuidores, etc.).
- Renta de maquinaria agrícola.
- Exportación de bienes en general.

La exportación de servicios está regulada en el artículo 29 de la Ley del IVA. Si prestas un servicio desde México y tu cliente está en otro país y cumple ciertos requisitos, puedes aplicar esta tasa.

Ejemplo práctico: Exportación de servicios

Supongamos que una agencia de marketing digital en México presta servicios de publicidad a una empresa en Estados Unidos. De acuerdo con el artículo 29 de la Ley del IVA, estos servicios pueden estar gravados con la tasa del 0%, siempre que cumplan con los siguientes requisitos:

1. **Infraestructura y recursos en México:** La agencia debe utilizar su equipo, personal y servidores ubicados en territorio nacional para prestar el servicio.
2. **Dirección IP:** Tanto la dirección IP de los dispositivos de la agencia como la de su proveedor de Internet deben estar en México, mientras que la IP del cliente y su proveedor deben estar en el extranjero.
3. **Registro fiscal del cliente extranjero:** En la factura debe incluirse el número fiscal del cliente en el extranjero.
4. **Pago desde el extranjero:** El pago debe recibirse desde una cuenta bancaria en el extranjero a una cuenta en México del prestador del servicio.

Si la agencia de marketing pagó en el mes $10,000 de IVA en la renta de oficinas, compra de software y servicios de publicidad digital, pero facturó sus servicios al 0%, entonces tiene derecho a solicitar la devolución de esos $10,000 de IVA.

Otros ejemplos de actividades con IVA al 0%

- Un desarrollador de software en México que crea y vende una aplicación para clientes en Europa.
- Un consultor de negocios que brinda asesoría técnica a una empresa en Canadá.
- Un agente de ventas en México que recibe comisiones por colocar productos en el extranjero.

Ejemplo 2: Agencia de Marketing que Exporta Servicios de Publicidad

Contexto: Una agencia en México ofrece servicios de publicidad digital a una empresa en España. Dado que la publicidad es un servicio exportado y cumple con los requisitos, su facturación se encuentra gravada al 0% de IVA.

Ingresos y gastos:

- Facturación mensual a la empresa española: $50,000 MXN → IVA 0%
- Gastos acreditables:
- Campañas de anuncios en redes sociales: $15,000 MXN → IVA trasladado $2,400 MXN
- Software de diseño gráfico: $3,500 MXN → IVA trasladado $560 MXN
- Servicios de hosting y dominio: $2,000 MXN → IVA trasladado $320 MXN

Cálculo del saldo a favor:

- IVA cobrado en facturación: $0 MXN
- IVA pagado en compras (total acreditable): $3,280 MXN
- IVA a pagar: $0 MXN
- Saldo a favor por devolución: $3,280 MXN

Consejo fiscal: Si estás en alguno de estos supuestos, no dejes que este beneficio pase de largo.

✅ Pide factura de todos tus gastos

✅ Asegúrate de que sean gastos indispensables para tu actividad

✅ Verifica que el IVA esté desglosado y correctamente trasladado

✅ Lleva un control mensual de tu IVA acreditable

✅ Y si al cierre del mes tienes saldo a favor… ¡solicítalo!

Recuerda: el SAT no regala dinero, pero si usas la ley a tu favor, puedes recuperar lo que es tuyo por derecho.

CAPÍTULO 20
EL TERROR DE TODOS LOS CONTRIBUYENTES ¿CUÁNDO Y POR QUÉ PUEDES SALIR DEL RESICO?

Estar en el Régimen Simplificado de Confianza (RESICO) tiene muchas ventajas: tasas bajas, cálculo fácil y trámites sencillos. Pero no es para siempre, y hay ciertas situaciones en las que puedes dejar de pertenecer a este régimen, incluso sin que tú lo decidas.

En este capítulo te explicamos cuáles son las principales razones por las que podrías salir del RESICO, qué efectos tiene eso, y si puedes o no volver a entrar. ¡Vamos paso a paso!

Motivo de expulsión 1: ¡Te fue demasiado bien!

Sí, aunque parezca raro, ganar más también puede sacarte del RESICO.

La ley es clara: si en cualquier momento del año tus ingresos superan los 3 millones 500 mil pesos, automáticamente pierdes el derecho a tributar en este régimen.

Ejemplo: Laura tiene un negocio de repostería. En enero y febrero gana poco, pero en marzo recibe una gran orden de una cadena de cafeterías por $3,600,000. Aunque solo fue una operación, desde ese momento ya no puede seguir en el RESICO.

A partir de abril deberá tributar como persona física con actividad empresarial, un régimen más complejo y con otras obligaciones, entre ellas llevar contabilidad en forma.

¿Puedo volver al RESICO en este supuesto?

¡Sí puedes! Pero solo si cumples dos condiciones:

- Que en el año siguiente tus ingresos no vuelvan a superar los $3,500,000.
- Que estes al corriente en tus obligaciones fiscales.

Motivo de expulsión 2: Incumples con tus obligaciones fiscales

El RESICO es un régimen pensado para personas cumplidas. Así que si no presentas tus pagos mensuales o tu declaración anual, el SAT te puede decir adiós. De acuerdo con la ley, si dejas de presentar tres pagos mensuales (pueden ser seguidos o no, la ley no es clara al respecto), o no presentas tu declaración anual, te sacan del RESICO.

Ejemplo: Carlos vende artículos por internet. Durante el año se le pasa presentar los pagos de marzo, junio y octubre. Aunque sí presentó el resto, como son tres omisiones, en automático deja de pertenecer al RESICO y pasará al régimen general, con más requisitos como hemos mencionado.

¿Puede volver al RESICO en este supuesto?

No. Si sales del RESICO por no cumplir tus obligaciones fiscales, la ley es tajante: *"En ningún caso podrán volver a tributar en los términos de esta Sección".* Más adelante haremos un análisis crítico de la constitucionalidad de esta medida tan tajante.

La delgada línea entre la permanencia y la expulsión del RESICO

El Régimen Simplificado de Confianza (RESICO) se promovió como una opción atractiva para personas físicas con ingresos moderados, al ofrecer tasas bajas, pagos sencillos y menos carga administrativa. Sin embargo, este régimen también está sujeto a una serie de condiciones estrictas, y basta con incumplir alguna de ellas para perder el derecho a tributar bajo este esquema… de forma definitiva.

Como ya lo analizamos dentro del **capítulo 3**, el artículo 113-G de la Ley del Impuesto sobre la Renta (LISR) establece las obligaciones mínimas que debe cumplir todo contribuyente en RESICO. Aunque en principio parecen razonables, en la práctica algunas de ellas pueden ser pasadas por alto por descuido, falta de información o simples errores técnicos (ya mencionamos también algunos ejemplos). Lo grave es que el castigo por no cumplirlas no es proporcional al error, ya que la consecuencia es la expulsión automática del régimen, sin posibilidad de regresar.

¿Qué obligaciones debes cumplir para permanecer en RESICO?

A continuación, hagamos un rápido repaso de las obligaciones contenidas en el artículo 113-G:

- Estar inscrito correctamente en el RFC y mantener actualizados tus datos.
- Contar con firma electrónica (e.firma) y tener activo tu buzón tributario.
- Emitir facturas digitales (CFDI) por todos los ingresos que efectivamente cobres.
- Conservar los CFDI de tus gastos e inversiones.
- Expedir facturas a tus clientes o, si son ventas al público en general, emitir un comprobante global mensual.
- Realizar las retenciones de ISR por salarios (si tienes empleados) y enterarlas a más tardar el día 17 de cada mes.
- Presentar tus pagos mensuales dentro del mismo plazo (a más tardar el día 17 de cada mes).
- Presentar tu declaración anual en abril del año siguiente (como ya lo mencionamos dentro del capítulo correspondiente, actualmente existe la facilidad administrativa de no presentar declaración).

¿Qué pasa si no cumples?

El punto más delicado está en lo que establece el tercer párrafo del artículo 113-E de la ley del ISR. Si el SAT detecta que recibiste ingresos sin emitir las facturas correspondientes, o si incumples alguna de las obligaciones fiscales que acabamos de mencionar, la autoridad puede expulsarte del régimen de manera unilateral y reasignarte a otro régimen fiscal (como el de Actividades Empresariales o el de Arrendamiento general), el cual podría ser más complejo y con mayor carga impositiva.

Y lo más preocupante: una vez que eres expulsado del RESICO, ya no puedes volver.

No importa si el incumplimiento fue leve o si ya corregiste el error. La ley es tajante. Este sistema no contempla reincorporación, aunque la omisión no haya tenido dolo ni consecuencias económicas graves para el fisco.

¿Es esto proporcional y justo?

Desde una perspectiva jurídica y de derechos humanos, estas sanciones pueden considerarse desproporcionadas, especialmente si recordamos que el régimen se diseñó para personas con menor capacidad administrativa. Resulta paradójico que un esquema que busca la "simplicidad" tenga consecuencias tan drásticas ante el más mínimo desliz.

Además, la facultad del SAT para reasignar unilateralmente el régimen fiscal del contribuyente, sin que éste tenga oportunidad de defenderse de forma previa, puede considerarse una afectación a la seguridad jurídica. No hay un procedimiento claro de audiencia previa ni una advertencia gradual, como ocurre en otros ámbitos del derecho administrativo.

El RESICO, si bien tiene beneficios innegables, funciona con una lógica de "todo o nada". No hay margen de error, ni mecanismos de corrección amigables. Por eso, cualquier persona que tributa en este régimen debe tener plena conciencia de sus obligaciones, asesorarse correctamente y cumplir puntualmente.

Porque en el mundo fiscal, como en un juego de eliminación directa, un pequeño paso en falso puede dejarte fuera para siempre.

¿Es constitucional esta sanción? El criterio del Tribunal Federal de Justicia Administrativa.

Más allá de los efectos prácticos que conlleva ser expulsado del RESICO, existe un debate jurídico profundo sobre la constitucionalidad de estas medidas tajantes, particularmente por lo que implican en términos de igualdad y seguridad jurídicas.

Un criterio relevante ha sido sostenido por el Tribunal Federal de Justicia Administrativa (TFJA) en diversas sentencias, donde se analizó la legalidad de dar de baja del RESICO a contribuyentes que **no contaban con firma electrónica avanzada vigente**, pues se les había vencido y estaban en proceso de renovarla.

A juicio del Tribunal, dicha consecuencia vulnera el derecho humano a la igualdad jurídica, consagrado en el artículo 1° de la Constitución y en el artículo 24 de la Convención Americana sobre Derechos Humanos.

El eje central del razonamiento es contundente: los contribuyentes que se encuentran en una misma situación de hecho (como el incumplimiento de una obligación formal, por ejemplo, no contar con e.firma), deben recibir un trato igual ante la ley. Sin embargo, en el caso del RESICO, la sanción es desproporcionadamente más severa que en otros regímenes fiscales. Mientras que en el régimen de Actividades Empresariales o Arrendamiento se impone una multa por estas omisiones, en el RESICO se procede directamente a la expulsión, sin oportunidad de corrección o defensa previa.

Según el razonamiento del TFJA:

"La desigualdad se deriva de que, respecto de una misma situación de hecho —como lo es no contar con firma electrónica avanzada o no presentar la declaración anual—, los contribuyentes en RESICO reciben una consecuencia jurídica más grave: la baja del régimen. En los demás regímenes fiscales, ante la misma conducta, la consecuencia es una simple multa."

Además, el Tribunal fue claro en que la existencia de distintos regímenes fiscales no justifica un trato tan diferenciado cuando se trata de obligaciones formales comunes a todos. Es decir, la diferencia entre regímenes puede justificarse en términos de las actividades económicas que amparan, pero no en cuanto a las sanciones por omisiones similares.

Otro punto fundamental del razonamiento es que antes de dar de baja a un contribuyente, debería mediar un procedimiento gradual: un requerimiento formal y, en su caso, una multa. La sanción de expulsión automática, impuesta sin previo aviso ni derecho de audiencia, contraviene también los principios de seguridad jurídica y debido proceso.

El propio TFJA advierte que esta lógica punitiva: *"Contraviene la esencia misma del régimen simplificado de confianza, cuya finalidad es facilitar el cumplimiento fiscal a contribuyentes con menor capacidad administrativa. Si por errores formales se les impone una consecuencia tan severa como la baja definitiva del régimen, lo que se genera es un estado de inseguridad jurídica que frustra el espíritu del RESICO."*

El castigo de expulsión del RESICO, especialmente cuando se trata de faltas formales y no sustantivas, no sólo es desproporcionado, sino potencialmente inconstitucional. Ignora principios básicos de igualdad ante la ley y rompe con el propósito original del régimen: ser una herramienta de inclusión fiscal y simplificación.

Este tipo de criterios judiciales abren la puerta para que los contribuyentes afectados puedan impugnar su baja del RESICO por la vía del juicio contencioso administrativo, argumentando la violación a sus derechos fundamentales, pues como fue razonado por el Tribunal, antes de ser expulsado, debe requerirse o incluso imponer una multa por incumplimiento de obligaciones como sucede en los demás regímenes fiscales.

Porque, al final del día, un régimen que se llama "de confianza" no puede operar sobre una lógica de castigo automático. Si se espera confianza del contribuyente, el Estado también debe actuar con proporcionalidad y equidad.

Motivo de expulsión 3: Estás "desaparecido fiscalmente"

Esto es muy común en personas que se dan de alta, pero no emiten facturas ni presentan pagos. Si pasa todo un año sin que factures nada, ni hagas pagos mensuales ni presentes tu declaración anual, el SAT puede suspenderte del RFC, es decir, te pone en pausa como contribuyente activo.

Ejemplo: Andrea se dio de alta en RESICO, pero al final nunca arrancó su negocio. No facturó ni presentó declaraciones. Al terminar el año, el SAT detecta su inactividad y la suspende automáticamente del padrón. Técnicamente, deja de tributar en RESICO y su situación fiscal se vuelve inactiva.

¿Puedes volver? Sí, en este caso sí puedes regresar a la actividad fiscal, aunque ya no necesariamente en RESICO (depende del motivo de la suspensión y su historial fiscal).

La regla **3.13.30** de la Resolución Miscelánea Fiscal permite que los contribuyentes suspendidos por inactividad reactiven su situación fiscal presentando un aviso de reanudación de actividades (conforme a la regla 3.13.2).

Reflexiones fiscales: El Régimen Simplificado de Confianza no solo es una opción fiscal, es una herramienta poderosa para construir y consolidar tu patrimonio. Pero como toda herramienta, requiere cuidado, atención y disciplina. Ser parte del RESICO implica un compromiso: cumplir con requisitos específicos, llevar controles claros y desarrollar hábitos financieros sólidos. No basta con ingresar al régimen, hay que mantenerse dentro de él.

Recuerda que el éxito financiero no se logra por casualidad, sino por constancia. Y en materia de impuestos, la constancia empieza por entender las reglas del juego. El RESICO es, para muchos emprendedores y pequeños contribuyentes, la llave para transformar sus ingresos en verdadera riqueza. No lo tomes a la ligera, aprovéchalo con responsabilidad.

Como dice el dicho: *"La suerte favorece a la mente preparada."*

Y en el mundo fiscal, estar preparado… es una gran ventaja y suerte.

CAPÍTULO 21
CUANDO DEJAR DE PAGAR YA NO ES UN DESCUIDO: LA NUEVA CAUSAL QUE PUEDE APAGAR TU FACTURACIÓN EN RESICO

Durante años, el Régimen Simplificado de Confianza (RESICO) se ha vendido —con razón— como un régimen "amigable": tasas bajas, cálculo sencillo y menos carga administrativa. Sin embargo, esa simplicidad no debe confundirse con permisividad.

A partir de 2026, una reforma aparentemente técnica al Código Fiscal de la Federación cambia de manera radical las reglas del juego para quienes tributan en este régimen. Ya no se trata únicamente de cumplir o no cumplir con el pago del impuesto, sino de **preservar la capacidad misma de operar**.

Con la modificación al artículo 17-H Bis del CFF, el SAT incorpora una nueva causal específica para contribuyentes RESICO que permite **restringir temporalmente el Certificado de Sello Digital (CSD)** cuando se detecte la omisión de tres o más pagos mensuales en un año calendario, consecutivos o no.

Y aquí está el verdadero problema: **sin CSD no hay facturación, y sin facturación no hay negocio**.

El Certificado de Sello Digital: la llave del sistema fiscal

Antes de entrar al análisis jurídico, conviene dimensionar la importancia del CSD. El Certificado de Sello Digital no es un simple requisito administrativo. Es el mecanismo que permite:

- Emitir CFDI de ingresos
- Facturar a clientes
- Cobrar servicios o ventas formalmente
- Acreditar ingresos ante bancos, clientes y autoridades

En términos prácticos, **un contribuyente sin CSD queda fiscalmente paralizado**. Puede seguir existiendo, pero no puede operar. Por ello, cualquier norma que permita su restricción debe analizarse con lupa.

La reforma al artículo 17-H Bis del CFF: ¿Qué dice exactamente la nueva disposición?

La reforma incorpora un segundo párrafo a la fracción I del artículo 17-H Bis del CFF, que establece:

"Tratándose de contribuyentes que tributen conforme al Título IV, Capítulo II, Sección IV de la Ley del Impuesto sobre la Renta, la restricción temporal se realizará cuando se detecte que omitió tres o más pagos mensuales en un año calendario, consecutivos o no."

Traducido a lenguaje llano: Si eres persona física en RESICO y el SAT detecta que omitiste tres pagos mensuales en el mismo año, aunque no sean seguidos, **puede restringirte temporalmente el CSD**.

¿Qué cambia realmente a partir de 2026?

Hasta 2025, la consecuencia principal de omitir tres pagos mensuales estaba prevista en el **artículo 113-I de la Ley del ISR**, que establece como causal de salida del RESICO la falta de cumplimiento en los pagos. Es decir:

- La sanción era **fiscal** (salir del régimen)
- El efecto era **tributario** (pasar a un régimen más complejo)

A partir de 2026, se suma una consecuencia adicional:
Una **sanción operativa**, que impacta directamente la facturación
Ahora, una misma conducta puede generar **dos efectos graves**:

1. Expulsión del RESICO
2. Restricción del CSD

¿Por qué esta reforma es particularmente delicada?

1. La omisión se puede actualizar aunque el pago haya sido espontáneo

Uno de los puntos más preocupantes es que la norma **no distingue entre omisiones corregidas y omisiones vigentes**.

El Código Fiscal de la Federación, en su artículo 73, reconoce el concepto de cumplimiento espontáneo y establece que no se impondrán multas cuando el contribuyente corrige antes de requerimiento.

Sin embargo, el artículo 17-H Bis **no aclara** que el pago espontáneo desactive la causal.

Ejemplo práctico

Imagina este escenario, muy común en RESICO:

- Febrero: no pagas por falta de liquidez, pero regularizas en marzo
- Abril: vuelves a retrasarte, pagas en mayo
- Junio: ocurre lo mismo

Nunca hubo requerimiento del SAT. Todo se pagó voluntariamente. Aun así, desde la lógica estricta del 17-H Bis, **sí omitiste tres pagos en el año**, lo que podría activar la restricción del CSD.

El término "se detecte" es excesivamente amplio

La norma no exige:

- Revisión formal
- Auditoría
- Carta invitación
- Acto administrativo previo

Basta con que el sistema del SAT cruce información y "detecte" la omisión. Esto otorga a la autoridad un margen amplísimo de actuación, basado en procesos automatizados, sin intervención humana inicial.

La sanción puede resultar desproporcionada

Para un pequeño contribuyente RESICO, restringir el CSD puede tener consecuencias devastadoras:

- Pérdida de clientes
- Incapacidad de cobrar
- Ruptura de contratos
- Problemas de flujo de efectivo

Todo ello, incluso cuando el impuesto omitido fue **mínimo y posteriormente pagado**. Desde una óptica constitucional, esta medida podría cuestionarse por **falta de proporcionalidad**.

Riesgo de doble sanción

El contribuyente RESICO podría enfrentar simultáneamente:

- La salida del régimen (113-I LISR)
- La restricción del CSD (17-H Bis CFF)
- Esto equivale a una sanción fiscal más una sanción operativa, derivadas del mismo hecho.
- Un terreno fértil para futuros litigios.

¿Qué deben hacer los contribuyentes RESICO?

A partir de esta reforma, la regla es clara y sin matices: **No atrasarse ya no es una recomendación, es una necesidad.**

Recomendaciones prácticas

1. Presenta y paga siempre **antes del día 17**
2. Evita depender del "pago espontáneo" como estrategia
3. Implementa recordatorios automáticos
4. Lleva un control detallado de pagos omitidos, aunque ya estén corregidos
5. Solicita periódicamente tu **opinión de cumplimiento**
6. Conserva comprobantes de regularización inmediata

Reflexión final

La reforma al artículo 17-H Bis del CFF marca un punto de inflexión para el RESICO. Lo que antes era un régimen indulgente con pequeños descuidos, a partir de 2026 se convierte en un sistema donde **la puntualidad es clave para la supervivencia operativa**.

Hoy, omitir un pago ya no solo afecta tu impuesto. Puede afectar tu capacidad de facturar, cobrar y sostener tu negocio.

En el RESICO del futuro, **cumplir a tiempo no es solo cumplir con el SAT: es proteger tu fuente de ingresos**.

CAPÍTULO 22
¿EL SAT PUEDE COBRARME IMPUESTOS DE FORMA RETROACTIVA SI ME DA DE BAJA DEL RESICO?

Uno de los mayores temores de los contribuyentes que han sido expulsados del Régimen Simplificado de Confianza (RESICO) es este: "¿Me cobrará el SAT de forma retroactiva los impuestos que ya pagué conforme a RESICO?". Esta duda no solo es válida, sino que ha generado una auténtica ola de preocupación entre miles de personas físicas que confiaron en la promesa de un régimen fiscal accesible, transparente y con menor carga administrativa.

¿De dónde proviene este miedo?

Durante 2023, el Servicio de Administración Tributaria (SAT) adoptó una postura particularmente agresiva con los contribuyentes del RESICO. Mediante una campaña intensiva de revisión del cumplimiento de obligaciones fiscales, el SAT dio de baja a muchos contribuyentes por causas como:

- Omitir la presentación de declaraciones mensuales o la anual en tiempo.
- No contar con e.firma vigente.
- No tener habilitado el Buzón Tributario.

Hasta aquí, podríamos pensar que la sanción se limita a un cambio de régimen. Sin embargo, el verdadero problema radicó en que el SAT, invocando disposiciones de carácter administrativo —específicamente la Regla 3.13.34. de la Quinta Resolución de Modificaciones a la Resolución Miscelánea Fiscal (RMF) para 2023— no solo cambió de régimen al contribuyente, sino que lo hizo **con efectos retroactivos**, es decir, desde el 1 de enero de 2022, o desde el mes en que el contribuyente comenzó operaciones.

Este actuar implicaba que una persona física que ya había cumplido cabalmente sus obligaciones fiscales bajo RESICO —e incluso ya había pagado sus impuestos— debía ahora, conforme a la "nueva" interpretación del SAT, recalcular y volver a pagar conforme al régimen general de personas físicas con actividades empresariales y profesionales o el régimen de arrendamiento.

¿Esto es legal? No. ¿Es constitucional? Tampoco.

El artículo 113-E, tercer párrafo, de la Ley del Impuesto sobre la Renta (LISR) no autoriza a la autoridad fiscal para aplicar el nuevo régimen con efectos retroactivos. Por el contrario, establece que cuando un contribuyente excede el monto de $3,500,000.00 de ingresos, dejará de tributar en RESICO a partir del mes siguiente a aquel en que se haya rebasado dicho tope.

Lo que hizo el SAT al aplicar retroactivamente el cambio de régimen a todo el ejercicio o desde el inicio de operaciones **viola los principios constitucionales de:**

- **Legalidad tributaria:** Ningún tributo puede imponerse ni modificarse si no es a través de una ley emitida por el Congreso.
- **Reserva de ley y jerarquía normativa:** Ninguna regla administrativa puede modificar lo que ya dispone una ley formal.
- **Seguridad jurídica:** Los contribuyentes tienen derecho a saber con certeza cuándo y cómo deben cumplir con sus obligaciones.

Por fortuna, esta interpretación arbitraria **ya ha sido declarada ilegal** por diversas sentencias del Tribunal Federal de Justicia Administrativa (TFJA), que han protegido a los contribuyentes ante este abuso.

Caso emblemático: La regla 3.13.33 y la ilegalidad de aplicar efectos retroactivos

En abril de 2024, la Sala Regional del Caribe y Auxiliar del TFJA emitió una sentencia de gran relevancia (Juicio Núm. 815/23-20-01-9), en la que abordó precisamente esta problemática.

El caso trataba de un contribuyente que excedió el límite de $3.5 millones de ingresos, y el SAT pretendía modificar su régimen desde el inicio del ejercicio.

La tesis emitida bajo el número de registro **IX-CASR-CA-11**, resolvió de forma clara y contundente:

"REGLA 3.13.33., SEGUNDO PÁRRAFO, DE LA RESOLUCIÓN MISCELÁNEA FISCAL PARA 2023. VULNERA EL PRINCIPIO DE SUBORDINACIÓN JERÁRQUICA [...]"

El TFJA señaló que la mencionada regla impone una obligación no contemplada en la LISR, ya que obliga a tributar fuera de RESICO desde el inicio del ejercicio o desde el mes en que se comenzaron operaciones, cuando la ley claramente indica que el cambio debe aplicarse a partir del mes siguiente al momento en que se excede el umbral de ingresos.

Así, la autoridad administrativa pretendía sustituir al legislador y modificar el momento de aplicación de una obligación tributaria, sin que exista ley o reglamento que la habilite para hacerlo. En consecuencia, dicha regla es inconstitucional por violar la reserva de ley y el principio de subordinación jerárquica, protegidos por los artículos 16 y 31, fracción IV, de la Constitución.

¿Qué hacer si el SAT te da de baja de RESICO con efectos retroactivos?

Si estás enfrentando una situación en la que el SAT te cambió de régimen con efectos retroactivos y pretende cobrarte diferencias de impuestos que ya habías pagado conforme a RESICO, es fundamental que:

1. No lo aceptes como válido automáticamente.

2. Impugnes la resolución ante el TFJA mediante juicio contencioso administrativo.

3. Solicites la suspensión de los efectos de la resolución para evitar actos de cobro.

4. Alegues la violación a los principios de legalidad, subordinación jerárquica y seguridad jurídica.

Como lo han determinado los tribunales, este actuar del SAT carece de fundamento legal y constitucional. No estás obligado a pagar dos veces por el mismo periodo fiscal ni a recalcular tus impuestos bajo un régimen que no era aplicable en su momento.

El Régimen Simplificado de Confianza fue creado con el propósito de facilitar el cumplimiento fiscal y reducir la carga tributaria de los contribuyentes. Las acciones autoritarias y retroactivas del SAT no solo traicionan ese espíritu, sino que lesionan gravemente la confianza en las instituciones fiscales.

La buena noticia es que los tribunales ya han empezado a poner un alto, reconociendo el derecho de los contribuyentes a no ser gravados arbitrariamente.

Como contribuyente informado, ahora sabes que tienes herramientas legales para defenderte.

CAPÍTULO 23
Y ENTONCES, SI SALGO DEL RESICO, ¿CÓMO DEBO CALCULAR Y PAGAR MIS IMPUESTOS?

Tal como ya se explicó en el capítulo anterior, fueron tantas las demandas y juicios en contra de las decisiones del SAT por aplicar efectos retroactivos al momento de dar de baja a los contribuyentes del Régimen Simplificado de Confianza (RESICO), que la propia autoridad se vio obligada a rectificar. En la Resolución Miscelánea Fiscal (RMF) para 2025, el SAT introdujo reglas más claras y alineadas con la ley para explicar cómo debe calcularse el ISR una vez que el contribuyente deja de tributar en RESICO.

Esta aclaración se encuentra contenida en la Regla 3.13.5. de la RMF 2025 y 2026, y representa un paso importante hacia la seguridad jurídica de los contribuyentes, especialmente para aquellos que fueron excluidos del régimen o decidieron abandonarlo de manera voluntaria.

¿Qué pasa cuando ya no puedes seguir en el RESICO?

Como ya sabes, el RESICO fue diseñado para personas físicas cuyos ingresos anuales no exceden los $3,500,000.00, ofreciendo una forma sencilla de pagar el ISR con tasas preferenciales. Sin embargo, si por cualquier motivo dejas de cumplir con los requisitos —ya sea por superar el tope de ingresos, por omitir declaraciones o por cuestiones administrativas como no tener e.firma— es necesario cambiar de régimen fiscal.

Y aquí viene la gran duda: ¿cómo debes calcular y pagar el ISR una vez que sales del RESICO?

La Regla 3.13.5. aclara que existen dos escenarios distintos, dependiendo de si tus pagos en RESICO fueron considerados definitivos o no.

◆ **Escenario 1: Si tus pagos como RESICO fueron definitivos**

- Si durante el tiempo que estuviste en RESICO presentaste tus declaraciones en tiempo y forma, y la autoridad no ha determinado lo contrario, esos pagos se consideran definitivos.

En ese caso: A partir del mes siguiente a tu salida del RESICO, debes tributar bajo el régimen que te corresponda (por ejemplo, personas físicas con actividades empresariales y profesionales).

No necesitas rehacer ni recalcular tus declaraciones pasadas.

En tu declaración anual, únicamente incluirás los ingresos obtenidos desde el mes en que cambiaste de régimen hasta diciembre.

Ejemplo: María estuvo en RESICO de enero a junio de 2026 y presentó todas sus declaraciones puntualmente. En julio fue dada de baja del régimen. A partir de ese mes tributa en el régimen general. En su declaración anual, solo incluirá los ingresos y gastos de julio a diciembre. Los pagos de enero a junio quedaron firmes y definitivos.

◆ Escenario 2: Si tus pagos como RESICO no fueron definitivos

Si no cumpliste con tus obligaciones en tiempo y forma —por ejemplo, omitiste declaraciones o el SAT te revocó el régimen por incumplimiento— tus pagos en RESICO no se consideran definitivos. En este caso, debes recalcular tu ISR acumulando ingresos y aplicando el régimen general.

Este es el procedimiento:

1. Suma todos los ingresos obtenidos desde enero hasta el mes en que haces la declaración.

2. Resta las deducciones autorizadas correspondientes al mismo periodo.

3. Aplica la tarifa progresiva del artículo 106 de la Ley del ISR.

4. Resta los pagos provisionales que ya hubieras hecho como RESICO.

5. A partir de ese mes, tributas conforme al régimen general o el que te corresponda según tus actividades.

Ejemplo: Luis fue dado de baja del RESICO en abril de 2026 por no presentar sus declaraciones de febrero y marzo. Como sus pagos no fueron definitivos, en mayo debe declarar acumulando ingresos desde enero hasta mayo, restar sus deducciones, aplicar la tarifa general del ISR y acreditar lo que ya pagó como RESICO. De junio en adelante, presenta pagos provisionales bajo el régimen general.

La presión social, los amparos y las sentencias favorables a los contribuyentes obligaron al SAT a corregir el rumbo. Gracias a la Regla 3.13.5. de la RMF, hoy existe mayor claridad sobre cómo calcular el ISR al salir del RESICO.

Lo más importante es saber en qué escenario estás: si tus pagos fueron definitivos, puedes avanzar sin preocupaciones; si no lo fueron, deberás hacer un recálculo acumulado. Lo esencial es actuar con información y, si es necesario, con asesoría fiscal profesional para evitar errores que puedan resultar costosos.

CONSIDERACIONES FINALES

"Ya no hay pretextos: conociendo el RESICO, el éxito está en tus manos"

Dicen que "hombre prevenido vale por dos", y en materia fiscal, esta sabiduría popular cobra todo el sentido del mundo. A lo largo de este libro, hemos desmenuzado cada rincón del Régimen Simplificado de Confianza (RESICO), con el objetivo de que puedas emprender con claridad, tomar decisiones bien informadas y, sobre todo, que no le temas al SAT, sino que aprendas a navegar en las aguas de la legalidad con inteligencia.

Vivimos en tiempos donde "el que nada debe, nada teme" y también donde el que oculta, tarde o temprano es detectado. La tecnología fiscal avanza a pasos agigantados: facturación electrónica, cruces de información bancarios, reportes automatizados... La idea de "pasar desapercibido" ante el SAT ya es más mito que realidad.

Por eso, uno de los grandes mensajes que queremos dejarte es: estar en regla no es una carga, es una ventaja competitiva.

Formalizarse no solo te da tranquilidad, sino también te abre puertas:

- Puedes obtener créditos personales o empresariales,
- Acceder a programas de financiamiento o apoyos gubernamentales,
- Contratar con grandes empresas o el gobierno,
- Y lo más importante: crecer de forma sólida y sostenible.

Porque, como dice el dicho: *"Más vale paso que dure, y no trote que canse... y te deje en las oficinas del SAT"*

Consejos prácticos para el cierre de este camino (y el inicio del tuyo):

☑ **Invierte en asesoría fiscal y financiera.** Un buen contador es tan importante como un buen producto o servicio.

☑ **Separa tus finanzas personales de las del negocio.** Te ayudará a tomar decisiones objetivas y evitará confusiones con el SAT.

☑ **Aprovecha los beneficios del RESICO.** Mientras esté vigente, es una oportunidad real de pagar menos impuestos de forma legal y sencilla.

☑ **Mantente actualizado.** La ley fiscal cambia cada año. Este libro te da una base firme, pero seguir aprendiendo es clave.

☑ **Apóyate en la tecnología.** Hoy puedes llevar tu contabilidad desde el celular, emitir facturas, consultar saldos, todo en línea. No lo ignores.

☑ **No postergues tu formalización.** Cada día que pasa sin regularizarte es una oportunidad perdida.

El RESICO: ¿perfecto? No. ¿Útil? Sin duda.

El RESICO puede tener áreas de mejora, claro que sí. Pero también es cierto que representa un gran avance en simplificación tributaria para personas físicas. Con este libro, **ya conoces sus secretos, sus reglas, sus excepciones y sus oportunidades.** No más excusas. Ahora sí, estás listo para emprender, crecer y cumplir.

Porque el verdadero éxito no solo se mide en ventas, sino también en certeza jurídica, orden financiero y paz mental.

Queremos cerrar este libro como se cierran los buenos tratos: con una palabra de aliento y una sonrisa de confianza. Esperamos sinceramente que esta obra sea una herramienta útil para ti, para tu proyecto y para todos los que decidan emprender sin miedo, pero con responsabilidad.

Recuerda siempre: *"Haz las cosas bien desde un principio, y no tendrás que preocuparte después."*

¡Mucho éxito en tu camino como contribuyente y emprendedor!

Ahora que ya conoces todos los secretos del RESICO, el siguiente paso es tuyo.

¡GRACIAS POR LLEGAR HASTA AQUÍ!

Si estás leyendo estas líneas, es porque recorriste todo el camino y te agradezco de corazón por haber confiado en este libro como guía para entender el RESICO. Espero sinceramente que su lectura te haya resultado útil, clara y, sobre todo, práctica para tu día a día como emprendedor, profesionista o inversionista.

Este proyecto nació con el propósito de acercar el conocimiento fiscal a quienes no necesariamente son expertos en la materia, pero sí tienen el deseo de hacer las cosas bien, aprovechar los beneficios legales disponibles y construir un futuro financiero más sólido.

Si este libro te ayudó, te aclaró dudas o incluso te hizo ver los impuestos desde una nueva perspectiva, **te invito a dejar una reseña.** Tu opinión es valiosa no solo para mejorar futuras ediciones, sino también para que otras personas que buscan orientación puedan encontrar en estas páginas una herramienta útil y confiable.

¡Gracias por ser parte de esta comunidad que decide aprender, crecer y actuar con inteligencia!

Nos leemos pronto.

www.ingramcontent.com/pod-product-compliance
Lightning Source LLC
LaVergne TN
LVHW072314081026
849580LV00029B/1653
9786072982666